제2판

그림책아, 인문학이랑 여행 갈래?

청소년의 마음을 어루만져 주는 그림책 테라피

김은아 · 지명숙

KNOWLEDGE COMMUNITY 공동체

들어가며

그림책으로 청소년들을 만날 때마다 마음의 거리를 좁히기 위해 하는 활동이 있습니다. 『무지개 물고기』, 『사과가 쿵!』, 『검피 아저씨의 뱃놀이』, 『강아지똥』, 『구름빵』, 『괴물들이 사는 나라』, 『곰 사냥을 떠나자』, 『누가 내 머리에 똥 쌌어?』처럼 출간된 지 20년, 30년, 60년이 지나도록 여전히 어린이 독자들로부터 사랑받는 그림책으로 소통하는 일이지요. 시대와 문화가 다르고 주인공들의 성격이 달라도 세대를 뛰어넘어 꾸준히 읽히는 그림책들이 있다는 건 참 고마운 일입니다.

위에서 언급한 작품들은 지금의 청소년들이 유치원 다닐 적에 보고 또 본 그림책들입니다. 그래서일까요? 표지 그림을 보는 순간 얼굴에는 미소가 번지고 목소리 톤이 높아집니다. 그들에게 추억의 그림책이니까요. 그리고 저는 이 중에서 한두 권을 골라 내용을 요약하여 들려주거나 펼쳐서 읽어 주기도 하고, 관점의 변화를 유도하는 질문으로 고전이 된 그림책 속에 숨은 인문학적 메시지를 전합니다.

침묵으로 일관하거나 반응이 없을 때도 있지만 괜찮습니다. 침묵은 가장 강한 자기표현이라는 말이 있듯이 무반응도 또 다른 형태의 반응이라 생각하면 그조차 고맙습니다. 무표정이지만 시선은 그림책을 향하고 있습니다. 어떤 장면에서는 미세한 표정의 변화가 감지되곤 합니다. 이처럼 무심한 듯 다정한, 흘려듣는 것 같지만 귀에 새기는, 밀어내면서도 관심을 바라는, 귀찮아하면서도 시키면 다 하는, 대충하는 것처럼 보이지만 창의적인 결과물을 만들어 내는, 삐딱하게 굴면서도 정의에 민감한 청소년들은 무척 매력적인 존재입니다.

세계적인 신경과학자이자 『10대의 뇌』(웅진지식하우스)를 쓴 프랜시스 젠슨(Frances Jensen)은 이런 청소년들의 행동에 대해 그들이 외계인이라서가 아니라 다만 제대로 이해되지 못한 존재일 뿐이라며 옹호합니다. 10대의 뇌는 이마엽(전두엽)이 미완성인 시기이므로 인내 · 이해 · 절제 · 계획에 취약해서 이런 행동을 하게 된다는 것이지요. 그러면서 청소년기는 평생 사용할 뇌의 기틀을 잡아줘야 할 때이므로 절대 부모가 포기해서는 안 된다고 강조했습니다. 이는 부모 외의 다른 어른들에게도 해당합니다.

미국의 심리학자인 에릭 에릭슨(Erik Erikson, 1902~1994)의 심리사회적 발달 이론도 청소년을 이해하는 데 도움이 됩니다. 에릭슨은 청소년기는 '정체성 대 혼돈'의 시기로 내가 누구인지, 또 사회에서 어떤 역할을 할 수 있는지에 대한 개념을 형성하면 건강한 정체성이 만들어지고 이를 해내지 못하면 혼돈의 상태에 빠져서 모든 것을 부정하거나 정서적으로 괴로움을 겪는다고 했습니다. 청소년기는 전 생애에 걸쳐 비교적 짧은 시기를 거치지만 정체성 형성이라는 주요 과업을 달성해야 하므로 어느 발달단계보다 중요합니다.

청소년들이 평생 사용할 뇌의 기틀을 잡고 건강한 정체성을 형성하려면 부모를 비롯한 어른들의 도움이 절대적으로 필요합니다.

자기 얘기를 들어주는 사람, 요동치는 마음을 이해해 주는 어른이 없을 때 청소년들은 분노와 함께 외톨이가 된 듯한 기분을 느낍니다. 이러한 감정에서 벗어나려고 일탈이라는 방법을 잘못 선택하면 자신은 물론이고 자칫 타인의 삶까지 파괴하는 결과로 이어집니다. 최근에는 청소년 자살도 심각한 사회적인 문제로 여겨지고 있습니다. 이들이 너무 먼 길, 위험한 길로 가지 않도록 안내하고 이해하고 품으면서 질풍노도의 시기가 끝날 때까지 기다려 주어야 합니다.

무엇을 하면서 기다리면 좋을까요? 어떻게 이들의 손을 잡아주면 좋을까요? 그림책으로 인문학의 세계로 떠나 보기를 제안합니다. 세계의 석학들은 이미 접어든 인공지능 시대와 더욱 확장될 인공지능 시대에 인류의 삶에 다가올 변화를 예측하며 대비를 강조하지만, 이들이 내는 하나의 목소리가 있습니다. 사람으로 태어난 이상 죽을 때까지 인문학을 공부해야 하고, 인문학적인 삶은 지속될 거라는 사실이지요.

이에 더해 물성이라는 고유한 특성을 지닌 그림책 또한 변함없이 어린이들의 친구로, 청소년들에게는 추억의 책으로, 어른들의 마음을 위로하는 예술 장르로 그 자리를 굳건히 지킬 거라는 믿음을 가져봅니다. 눈으로 읽고 귀로 듣고 마음으로 느끼고 손으로 직접 만져볼 때 감동과 놀라움이 커지는 그림책도 인공지능이 대체할 수 없는 책의 형태입니다. 그림책을 매개로 하는 상호작용에는 온溫과 정情이 오가는 정서적 교류가 있어야 하기에 인간을 닮은 휴머노이드 로봇이 우리의 일상에 깊숙이 파고든다 해도 부모나 선생님이 기울이는 정성과 노력을 대신하지 못합니다.

아름다운 글과 그림이 어우러진 그림책과 사람을 따뜻하게 만드는 인문학은 '나, 너 그리고 우리 함께 세상을 이롭게 하는 삶'을 강조합니다. 나를 알고 너를 이해하며 우리 함께 손잡고 세상을 향해 나아가자고 말하는 그림책을 청소년기에 다시 펼쳐보는 일은 더 어린 시절의 추억을 떠올리며 마음을 어루만지는 시간을 넘어 인문학적 삶을 작게나마 실천하는 방법이지요. 하지만 청소년들은 이제 애써 그림책을 찾아 읽을 필요가 없습니다. 중고등학교 교육 과정이나 독서 영역에서 그림책은 필수가 아니니까요. 그러니 외부의 힘이나 어떤 계기가 있어야 합니다. 어른들이 그 힘이자 그림책을 다시 만나게 하는 동기가 되어 주었으면 합니다.

이 책에 실린 28권의 그림책으로 청소년들과 인문학적 소통을 해보세요. 그림책을 펼치는 순간 어른들은 마음이 맑아지고 청소년들의 표정은 부드러워집니다. 재미와 감동, 알아차림의 언어가 오가기를 바랍니다. 또한 그림책으로 서로의 마음을 잇는 상호 돌봄이 이루어지기를 소망합니다.

2025년 가을,

제2판을 내는 기쁨과 감사의 마음을 담아

대표 저자 김은아

이 책을 활용하는 방법

『그림책아, 인문학이랑 여행 갈래?』는 그림책을 매개로 청소년들과 인문학적 삶을 이야기하고 싶은 어른들, 중 · 고등학교 선생님들, 상담(교)사, 교육복지사, 독서 지도사, 그림책 교육 강사, 인문학 강사들을 위한 책입니다. 그래서 여행하듯 즐거우면서도 자기 탐색과 타인 이해를 돕고, 우리와 세상이라는 넓은 시야를 갖도록 안내하는 발문과 다양한 후속 활동을 실었습니다.

철학자 플라톤의 저서 『테아이테토스』(숲)에는 그의 스승인 소크라테스(Socrates, 기원전 470년경~기원전 399)와 기하학자 테아이테토스가 '지식이란 무엇인가?'를 주제로 나눈 토론이 들어 있습니다. 이 책에서 소크라테스는 자신을 '산파'에 비유했는데요. 자신은 지혜를 구하는 사람들에게 직접적인 답을 제시하는 사람이 아니라 그들이 스스로 깨달을 수 있도록 돕는 산파 역할을 한다고 생각했기 때문이지요. 바로 질문을 통해서요. 여기서 시작된 대화법이 '소크라테스의 산파술(문답법)'입니다.

소크라테스는 일상적인 이야기는 물론이고 철학적인 주제에 이르기까지 대화를 나누는 상대가 자기 생각을 표현할 수 있도록 끊임없이 질문했습니다. 그와 이야기를 주고받는 동안 대화의 당사자는 어느새 자신이 부족하다는 사실을 깨닫고 진리를 발견해 나갈 동기를 마련했다고 합니다.

이때 소크라테스가 한 질문은 발문에 가깝습니다. 질문이 상대방에게 궁금한 것을 알아내기 위해 묻는 것이라면, 발문은 분명한 목적을 두고 상대방에게 묻는 것을 말합니다. 물음에 대한 답을 다양한 관점으로 바라보게 함으로써 생각을 확장시키고 깨달음을 얻게 하는 것이 발문입니다(한국교육심리학회, 2000). 평소 우리는 질문과 발문을 구분하지 않고 사용하지만, 이 둘에는 분명한 차이가 있습니다.

그래서 이 책은 소크라테스가 발문으로 청년들과 상호작용함으로써 동기 부여를 한 것처럼 청소년들을 만나는 어른이 그 역할을 해주기를 바라며, 인문학적 사고를 가능하게 하는 발문을 구상해 넣었습니다. "네"와 "아니요"로 대답할 수 있는 물음에서부터 그림책에 대한 전체적인 느낌이나 인상을 물어보는 발문, 책 내용에 더 깊이 다가가게 하는 발문, 상황과 사건이나 등장인물의 언어와 행동 및 감정을 다른 시각으로 바라보게 하는 발문, 자기 적용을 돕는 발문에 이르기까지 서로 유기적으로 작용하는 발문들을 제시했습니다. 이들은 독서치료에서 사용하는 발문법이므로 이 책은 인문학을 앞에 두지만, 실제로는 그림책 테라피를 위한 안내서이기도 합니다.

먼저 이 책의 구성을 이해한 후에 활용할 때 만족도가 더 높아집니다. **Part 1. 여행을 시작하기 전**에는 청소년들이 그림책과 인문학을 어떻게 생각하고 있는지, 그들이 알고 있는 그림책과 인문학에 대한 배경지식을 공유하는 시간입니다. 이 단계를 지나면 **Part 2. 어떤 그림책으로, 어떻게 여행할까?**에 **나, 너, 우리, 세상**이라는 네 개의 인문학 키워드를 담은 그림책들이 기다리고 있습니다. 이 단계에서는 자연스러운 목소리로 그림책을 읽어 주세요. 그들의 시선이 어디를 향하는지, 표정과 눈빛이 어떻게 달라지는지 살펴보면서요. 5분 남짓이면 한 권을 다 읽어 줄 수 있지만, 이 시간을 청소년들은 좋아합니다. 정서적 교감이 이루어지는 순간이니까요. 그림책을 함께 보고 난 후에는 책에서 제시한 발문을 매개로 이야기 나누기와 토론, 글쓰기, 그리기 등의 후속 활동을 이어가면 됩니다.

이렇게 여행의 끝자락에 닿으면 청소년들은 인문학이 무엇인지, 인문학적 삶이 무엇인지 스스로 정의할 수 있고 어느새 조금 자라 있는 자신을 마주합니다. 여행을 마무리할 때는 **Part 3. 여행을 마치며**를 활용하여 처음 여행을 시작할 때와 여행이 끝나는 지금을 비교해 보는 시간을 마련해 주세요. 그림책과 인문학을 바라보는 관점에 어떤 변화가 생겼는지, 새롭게 알게 된 사실이 있는지, 그동안 인문학적 삶을 실천하기 위해 어떤 노력을 했는지 공유하면서 칭찬과 격려의 언어를 주고받으며 긴 여행을 마치길 바랍니다.

차례

너 … 네 마음의 소리가 들려!

우리 … 우리가 함께할 때 일어나는 일들

세상 … 따뜻하고 아름다운 세상을 위하여

PART 03 여행을 마치며

PART

01

여행을 떠나기 전에

여행을 준비하며. 그림책에 대한 솔직한 생각을 나눠요!

1 '그림책' 하면 어떤 단어가 가장 먼저 떠오르나요?

2 지금까지 본 그림책들을 떠올려 보세요. 보고 나서 마음이 따뜻해진 책들이 있나요?

3 어릴 적에 보고 또 보고, 수십 번을 반복해서 본 그림책이 있나요? 왜 반복해서 보았나요?

제목 :

반복해서 본 이유 :

4 청소년이 된 지금, 그림책을 만나는 활동에 대한 기대감이 있나요?

여행을 준비하며, 인문학에 대한 솔직한 생각을 나눠요!

1. '인문학' 하면 어떤 생각이 가장 먼저 스쳐가나요?

2. 인문학이 뭘까요? 인문학에 대해 알고 있는 것을 말해 보세요.

3. 지금까지 인문학 관련 강의를 듣거나 프로그램에 참여한 경험이 있나요? 있다면 어떤 제목, 어떤 내용이었는지 말해 보세요.

제목 :

내용 :

4. 그림책과 인문학은 어떤 관계가 있을까요? 그림책으로 인문학을 만나는 활동에 대한 기대감이 있나요?

인문학이 뭐지?

인문학(人文學, humanities)은 문학 · 역사 · 철학 등 인간의 정신적 · 도덕적 삶의 문제를 중심으로 다루는 학문을 말합니다. 문학은 언어를 표현 매체로 하여 인간이 살아가는 이야기를 다루는 것입니다. 역사는 인류 사회의 변천과 흥망의 과정 또는 그 기록을 말합니다. 인간이 어떻게 살아왔으며 어떻게 살아갈 것인가를 이야기하는 것이 역사이지요. 반면 철학은 인간과 세계에 대한 근본 원리와 삶의 본질 따위를 연구하는 학문입니다.

한편 '인간에 의한, 인간을 위한, 인간에 관한 학문'이라는 넓은 의미에서 살펴볼 때, 사회과학과 자연과학을 포함한 학문 모두를 인문학의 개념으로 보기도 합니다(김경집, 2013). 이 말은 우리가 평소 보고 듣고 느끼는 모든 것이 인문학에 포함된다는 뜻인데요. 그만큼 인문학은 범위가 넓습니다.

학문적인 정의를 떠나 인문학은 치유의 학문이자 행복의 학문이라고 말합니다. 그래서 많은 학자들이 '나를 찾아가는 학문', '사람을 따뜻하게 만드는 학문', '마음의 무늬를 새기는 학문', '삶을 풍요롭게 하는 학문'처럼 인문학의 중요성을 강조하며 그 가치를 문학적으로 표현합니다.

무엇보다 우리가 인문학과 가까이 지내야 하는 이유는 철학 · 경제 · 역사 · 문학 · 예술 · 과학 등 인간과 관련된 다양한 학문을 공부함으로써 자신을 돌아보고 더 나은 사람이 되기 위해서입니다. 여기서 더 나은 사람이란 생각과 행동이 올바른 사람, 인격적으로 성숙한 사람, 더불어 살아갈 줄 아는 사람을 말합니다. 이런 사람들이 모일 때 건강한 공동체가 만들어지니까요.

요약하면 나를 알고, 너를 이해하며, 우리 함께하는 행복한 세상을 만들기 위해 인문학을 공부하는 것입니다. 그래서 인문학자들은 '나는 누구인가?', '무엇을 위해 살 것인가?', '어떻게 살 것인가?' 이 세 가지 물음에 대한 답을 찾을 수 있도록 안내합니다.

하지만 인문학은 직접적인 답을 주지 않고 오히려 또 다른 질문이 생겨나게 합니다. 무엇을 말하려는 걸까? 왜 그럴까? 내 생각은 다른데? 그렇다면 어떻게 해야 하나? 꼬리에 꼬리를 무는 질문이 이어집니다. 그래서 때로는 혼란스럽습니다.

문학 작품은 비유와 상징으로 가득하고 여러 유형의 인간들과 그들의 삶이 실타래처럼 얽혀 있어서 보는 사람에 따라, 관점에 따라 해석이 달라집니다. 무엇이 현명한 선택인지, 올바른 길인지, 수많은 관계 속에서 어떻게 중심을 잡아야 하는지, 어디로 어떻게 나아가야 하는지에 대한 답을 찾는 것은 각자의 몫입니다. 인문학은 물고기를 잡아주지 않고 물고기를 낚는 법을 알려줍니다.

인문학적인 삶이란?

고대 로마로 거슬러 올라가는 인문학의 긴 역사에 비해 한국에서 인문학이 사회 전반에 걸쳐 화두가 된 지는 그렇게 오래되지 않았습니다. 하지만 우리는 태어나서부터 자신도 모르는 사이에 인문학을 접해왔고, 무의식적으로 보고 배운 바람직한 삶의 방식으로 인문학 정신을 실천하면서 살아갑니다. 즉, 인문학적인 삶과 함께하고 있습니다. 그런데 인문학적인 삶이란 뭘까요? 인간적으로 산다는 뜻일까요? 우리는 이미 인간으로 살고 있는데 말이지요.

인문학적 삶이란, 첫 번째는 나를 알고 자신을 소중히 여기는 것입니다. 내가 누구인지, 무엇을 좋아하고 싫어하는지, 무엇을 잘하고 어려워하는지, 꿈은 무엇인지, 어떤 사람이 되고 싶은지. 이처럼 자신을 바라보고 성찰하는 것은 인문학적 삶의 첫 단계이지요. 자기 몸과 마음의 주인으로서 자신을 소중히 여기고 아끼는 방법을 찾아 실천해 나가는 것이 가장 중요합니다.

두 번째는 너를 이해하고 보듬는 것입니다. 타인을 이해하고 싶으면 그 사람보다 한 발 아래 서라고 합니다. 영어 'understand'를 살펴볼까요? 그 사람의 아래에(under) 서야(stand) 진정으로 그 사람을 이해할 수 있다는 뜻을 담고 있습니다(임영균, 2020). 그런데 대부분의 사람들은 남보다 위에 서 있기를 원합니다. 아니면 나란히 서서 대등해지든가요. 한 발 아래 서서 타인을 이해하고 품는 일은 말처럼 쉽지 않습니다. 부단한 연습과 노력이 따르며 무엇보다 포용력이 있어야 합니다.

개인심리학의 창시자이자 오스트리아의 정신의학자인 알프레

트 아들러(Alfred Adler, 1870~1937)는 '공감이란 다른 사람의 눈으로 보고 다른 사람의 귀로 듣고 다른 사람의 마음으로 느끼는 것'이라고 했습니다(김춘경, 2006). 타인을 이해하고 그 사람의 감정과 상황에 진심으로 공감하는 것도 인문학적 삶의 실천입니다.

세 번째는 인간은 더불어 살아갈 때 행복해질 수 있는 존재라는 사실을 깨닫는 것입니다. 인간은 사회적 동물입니다. 그물망처럼 얽힌 관계 속에서 보이는 끈, 보이지 않는 끈에 의해 인연을 맺어 살아갑니다. 그런데 사람이 모이는 곳에는 언제나 싸움과 갈등이 생기게 마련이지요. 하지만 다행히도 사람들에게는 이해하고 양보하고 타협함으로써 평화를 유지해 나가는 힘이 있습니다. 물론 바람직하지 않은 쪽이 더 큰 힘을 발휘할 때도 있지만 그 상태가 영원히 지속되는 것은 아닙니다. 시간이 지나면 결국 바른 자리에 도착해 있습니다.

다수가 옳다고 믿고 바라는 방향으로 공동체가 움직이려면 '우리'의 중요성을 아는, 균형 잡힌 사고와 행동을 하는 구성원들이 많아져야 합니다. 자신이 속한 크고 작은 공동체 속에서 자신의 위치를 지키며 주어진 역할을 성실하게 해낼 때 가족과 이웃, 학교, 지역사회, 나라에 유익한 존재가 됩니다.

네 번째는 세상을 이롭게 하는 일을 찾아 행동으로 옮기는 것입니다. '나와 너 그리고 우리 함께' 세상을 향해 나아가는 것이야말로 인문학적 삶의 종착역이지요. 그러기 위해서는 나와 너의 존재를 '틀림'이 아닌 '다름'으로 인식하는 포용력이 필요합니다.

인종 · 종교 · 지역의 차이를 넘어 다양한 가치관을 받아들여 삶에 적용하는 일은 인문교육에서 가장 중요하게 다루고 강조하는 부분입니다. 인류가 지향하는 공통의 목표가 무엇일까? 세상을 이롭게 하는 방법에는 무엇이 있을까? 나는 세계 시민으로서의 자질을 갖추고 있는가? '세상'이라는 주제를 놓고 끊임없는 질문과 해답을 찾는 일이 어느 때보다 필요합니다. 소크라테스는 "그저 사는 것이 아니라 잘사는 것이 중요하다"라는 말을 했습니다. '잘'이라는 한 글자에 담긴 의미를 알고 실천하는 것이 인문학적인 삶 아닐까요?

그림책이랑 인문학 여행을 떠난다고?

그림책은 글과 그림이 유기적으로 결합하여 이루어진 고유한 예술형식으로 그림을 통해 더 많은 메시지를 전달하는 책입니다(현은자 외, 2007). 아동문학 연구자인 마리아 니콜라예바(Maria Nikolajeva)는 그림책은 시각적이고 언어적인 두 가지 수준의 의사소통에 기초를 둔 고유한 예술 형태라고 했으며, 어린이문학 평론가인 최윤정은 회화처럼 공간적이면서 영화처럼 시각적인 이미지들이 시의 언어와 만나는 일종의 종합 예술(Maria Nikolajeva, 2001)이라고 했습니다.

그림책은 단순히 글에 그림이 더해진 것이 아니라 글과 그림, 그리고 편집 디자인이 조화를 이루어 하나의 예술 작품, 문학 작품으로 태어난 것이므로 '한 권의 그림책은 하나의 예술'입니다(니콜라예바 & 스콧, 2011). 이처럼 그림책에 대해 연구자들마다 조금씩 다른 정의를 내리지만 그림책을 예술로 보는 관점은 같습니다.

과거에는 그림책을 어린이들이 보는 책으로 여겼지만, 오늘날에는 '0세부터 100세까지 즐길 수 있는 책'(가와이 하야오, 2003)으로 인정받으며 가장 인기 있는 장르가 되었습니다. 그 이유가 다양한데, 무엇보다 그림책은 글보다 그림의 비중이 커서 텍스트를 읽어야 하는 부담이 덜하며, 아름답고 강렬한 그림은 심미적인 욕구를 채워주기 때문입니다.

다양한 색채와 기법을 활용한 그림은 시각적인 즐거움을 느끼게 함으로써 정서적인 이완을 경험하게 하는 효과가 있는데, 이런 부분이 청소년들의 취향과도 잘 맞아들어 갑니다. 특히 청소년들은 강렬한 그림과 강한 메시지가 있는 그림책에 반응을 크게 보입니다. 그림책을 보고 느끼는 방식에는 정답이 없기에 창의적이고 입체적인 사고를 하는 청소년들에게 매력적으로 가닿습니다.

내용적인 측면에서 살펴볼 때 그림책은 인문학에서 강조하는 '나는 누구인가?', '무엇을 위해 살 것인가?', '어떻게 살 것인가?'에 대한 화두를 던지고 그 답을 생각하게끔 유도합니다. 나를 알고 너를 이해하며 우리 함께 행복한 공동체를 만들고 세상을 이롭게 하는 이야기들이 아기자기하게 펼쳐져 있어서 읽는 동안 마음이 정화되고 따뜻해짐을 느낍니다.

어떤 그림책은 독자들을 심오한 철학의 세계로 안내하고 어떤 그림책은 세계의 역사와 문화, 실존 인물들을 다룹니다. 한국의 옛이야기뿐만 아니라 다른 나라의 옛이야기를 소재로 한 그림책들도 많습니다. 그런데 그림책이 '나, 너 그리고 우리 함께'를 노래한다고 해서 희망적인 내용만을 다루는 것은 아닙니다. 인권, 평등, 전쟁, 평화, 난민, 인종, 환경 문제, 생명 경시, 학대와 같은 묵직한 메시지를 던지기도 합니다. 이는 전 인류가 함께 고민해야 하는 공동의 과제이자 그림책과 인문학이 함께 여행할 수 있는 이유입니다.

여행은 즐겁고 행복하지요. 새로운 것을 보고 배우고 느낄 수 있어서 좋습니다. 그런데 여행 도중 다치거나 예기치 못한 위험에 빠지기도 합니다. 노선을 바꿔야 할 때도 있고요. 그런데도 사람들은 끊임없이 여행을 떠나고, 언젠가는 떠날 준비를 하며 지냅니다. 왜 그럴까요? 더 넓은 생각과 시야를 갖게 하는 여행의 힘을 알기 때문입니다. 그림책과 함께하는 인문학 여행도 마찬가지입니다. 재미있고 즐거운 시간도 있겠지만 지루한 시간도 분명히 있을 거예요. 하지만 여행의 끝자락에서 이렇게 말할 수 있기를 희망합니다. '그림책은 참 예쁘구나', '인문학은 참 따뜻하구나' 하고요.

PART

02

어떤 그림책으로, 어떻게 여행할까?

나

나도 내가 누구인지 궁금해!

첫 번째 여행

내 이름에 담긴 의미

루치루치 글 · 그림

북극곰 | 2020

아기가 태어나면 온 가족이 축복하고 함께 고민해서 최고의 이름을 짓는다. 그래서 이름은 사랑을 의미한다. 아기곰의 아빠·엄마도 갓 태어난 아기 곰에게 어울리는 이름을 지어 주기 위해 정성을 쏟는다.

아빠 곰은 숲속 동물들에게 최고의 이름을 지어달라고 부탁한다. 저마다의 바람이 담긴 이름 모두가 마음에 드는 아빠 곰은 아이 곰의 이름을 이렇게 정한다. '곰에디슨 덤보와 앨리스 슈퍼맨과 원더우먼저 푸른 초원의 심바 어린 왕자와 장미'. 긴 이름과 함께 펼쳐지는 이야기의 반전이 유쾌하다.

모든 사람에게는 이름이 있습니다.

이름은 자신의 가장 강력한 상징이지요.

나의 존재를 알리고 증명하는 것이니까요.

부모의 바람과 가족의 축복이 담긴 이름을

소중히 여기고 있나요?

최고의 이름이라고 자부하나요?

이름이 갖는 의미, 이름에 대한 고마움을 생각해 봅니다.

『최고의 이름』과 함께…

♣ 두런두런 표지 이야기

1. 표지에 있는 곰은 슈퍼맨 옷을 입고 꽃 한 송이를 들고 있습니다. 이 곰의 정체는 무엇일까요?

2. '최고의 이름'이라는 제목과 그림을 보고 어떤 내용을 담고 있을지 유추해 보세요.

♣ 책을 읽고 나서

1. 이 책을 본 느낌이 어때요? 어떤 장면이 가장 재미있었나요? 그 이유도 함께 말해 보세요.

2 곰 부부에게 아기가 태어났습니다. 아빠 곰은 왜 숲속 동물들에게 최고의 이름을 지어 달라고 부탁했을까요?

3 엄마 곰은 아기 곰이 에디슨처럼 똑똑하기를 바라는 마음에서 에디슨을 얘기했어요. 숲속 동물들은 어떤 이름을 얘기했나요? 그 이름에 담긴 의미는 무엇인가요?

이름	의미
덤보	코끼리처럼 튼튼해야 오래 사니까

4 아빠 곰은 숲속 동물들의 생각을 모두 받아들여 이름을 정했어요. 아기 곰의 이름은 무엇인가요?

5 아빠 곰이 아기 곰의 이름을 발표하자 숲속 동물들은 모두 놀랐어요. 그 이유는 무엇인가요?

6 이 책에는 독자의 예측을 뛰어넘는 반전이 있는데요. 이름 때문에 목숨을 잃을 뻔한 아기 곰의 이름을 아빠가 더 길게 만드는 장면이지요. 아기 곰의 새 이름이 적힌 카드를 본 하마 아저씨는 몹시 놀랍니다. 하마 아저씨는 무슨 생각을 했을까요?

7 아빠 곰이 아기 곰의 긴 이름을 끝까지 고집한 이유는 뭘까요?

8 최고의 이름이란 어떤 이름일까요? 최고의 이름이 갖추어야 할 조건이 있다면요?

9 여러분의 이름은 무엇인가요? 자기 이름을 큰 소리로 얘기하고 바른 글씨체로 써 보세요.

9 -1 누가 지은 이름인가요? 이름에 담긴 뜻을 알고 있나요?

10 이름이 마음에 들지 않아서 바꾸고 싶었던 적이 있나요? 만약 바꾼다면 어떤 이름을 원하나요?

11 자기 이름을 마음에 들지 않아 하면서도 누군가가 이름을 잘못 부르면 발끈하며 바로잡는 사람이 있어요. 그렇게 행동하는 이유가 뭘까요?

♣ 후속 활동

이름에 자부심을 갖는 것도 자신을 사랑하는 방법이에요. 자기 이름을 멋지게 디자인해 보세요.

두 번째 여행

나에 관한 중요한 사실은

마거릿 와이즈 브라운 글
최재은 그림 | 최재숙 옮김
보림 | 2005

미국의 아동문학가인 마거릿 와이즈 브라운의 시 'The Important Book'에 아름다운 그림을 곁들여 만든 시 그림책으로 다홍빛 리본을 묶어 선물 상자를 연상케 한 표현 기법이 인상적이다.

이 책은 숟가락, 사과, 비, 데이지, 풀, 눈, 바람, 신발 등 우리의 일상생활에 가까이 있는 사물과 자연에 관한 중요한 사실을 이야기한다. 이야기의 끝이 궁금해지는 가운데 마지막 페이지를 장식하는 '너에 관한 중요한 사실'은 독자들에게 깊은 울림을 준다.

누구에게나 장점과 강점이 있습니다.
이것은 무척 중요한 사실이지요.
그런데 우리는 중요한 사실을 찾아내고
소중하게 여기는 데는 서툽니다.
찾았다 해도 곧잘 잊어버리곤 하지요.
천천히 자신을 들여다보면 대단하지는 않지만,
나에 관한 중요한 사실이 많다는 사실을 알게 된답니다.
지금부터 하나씩 찾아볼까요.
『중요한 사실』과 함께…

♣ 두런두런 표지 이야기

1. 표지 그림을 자세히 살펴보세요. 무엇이 보이나요?

2. 그림책 안에는 어떤 중요한 사실이 들어 있을까요?

♣ 책을 읽고 나서

1. 이 책을 본 느낌이 어때요? 어떤 장면이 가장 기억에 남았나요? 그 이유도 말해 보세요.

② 이 책은 여러 가지 사물과 자연을 차례로 등장시키며 그들에 관한 중요한 사실을 이야기합니다. 어떤 것들이 있었는지 떠올려 볼까요?

③ 마지막 페이지에는 무엇에 관한 중요한 사실이 있었나요? 어떤 느낌으로 다가왔는지 말해 보세요.

④ 이 책에 들어갔으면 하는 다른 중요한 사실이 있다면요? 그것을 소재로 이 책의 텍스트처럼 써보세요.

5 (다시 읽고 나서) 표지를 살펴보세요. 무엇이 보이나요?

5-1 처음 표지를 볼 때와 같은 그림인데 다시 보는 지금은 전혀 다른 느낌일 거예요. 그 이유는 무엇일까요?

♣ 후속 활동

1 알고 나서야 비로소 보이는 것들이 있습니다. 나에 대해서도 마찬가지이지요. 자신에 관한 중요한 사실을 생각한 후에 아래의 문장을 완성해 보세요.

① 나에 관한 중요한 사실은	라는 거야.
② 나에 관한 중요한 사실은	라는 거야.
③ 나에 관한 중요한 사실은	라는 거야.
④ 나에 관한 중요한 사실은	라는 거야.
⑤ 나에 관한 중요한 사실은	라는 거야.

❷ 이 책의 지은이 소개 글을 읽어보세요. 이들도 자신에 관한 중요한 사실로 독자들을 만납니다. 여러분도 1번에서 완성한 문장을 재구성하여 개성 있는 자기소개 글을 만들어 보세요. 여백에는 그림을 그려도 좋아요.

세 번째 여행

내가 진짜 바라는 건

이선미 글 · 그림 | 글로연 | 2020

아이가 호리병을 문지르자 지니가 나타나 세 가지 소원을 말해 보라고 한다. 첫 번째 소원으로 공부를 잘하게 해달라고 하자 엄마가 1등을 하고, 두 번째 소원으로 돈을 많이 벌게 해달라고 하자 아빠한테 새 차가 생긴다.

지니는 "진짜 네 소원을 알려면 너 자신을 먼저 알아야 한다"라고 조언한다. 아이는 자신의 진짜 소원을 찾기 위해 1년 뒤에 만나서 말하겠다고 한다.

이 책은 '나'를 알아야 '내가 원하는 것'을 알 수 있고, '내가 원하는 것'을 향해 나아갈 때 행복해진다는 사실을 일깨워 준다.

누구나 한 번쯤 해보았을 법한 상상입니다.
요술램프 지니가 나타나 세 가지 소원을
말해 보라고 한다면….
너무 많은데 무얼 얘기해야 하지?
열 개쯤 들어주면 좋을 텐데….
이런저런 생각과 함께 깊은 고민에 빠질 거예요.
내가 진짜 바라는 게 무엇인지 찾아볼까요!
『진짜 내 소원』과 함께…

♣ 두런두런 표지 이야기

❶ 이 책의 제목은 '진짜 내 소원'입니다. '내 소원' 앞에 '진짜'를 넣은 이유는 뭘까요?

❷ 여러분의 소원은 무엇인가요? 엄청난 힘을 가진 요정이 나타나 세 가지 소원을 말해 보라고 한다면 무엇을 말할 건가요?

♣ 책을 읽고 나서

❶ 이 책을 본 느낌이 어때요? 어떤 장면이 가장 재미있었나요? 그 이유도 말해 보세요.

② 아이가 지니에게 첫 번째 소원으로 공부를 잘하게 해달라고 하자 어떤 일이 생겼나요?

②-1 아이의 첫 번째 소원에 대해 어떻게 생각하나요?

③ 두 번째 소원으로 돈을 많이 벌게 해 달라고 하자 어떤 일이 생겼나요?

③-1 아이의 두 번째 소원에 대해 어떻게 생각하나요?

4 지니는 왜 첫 번째와 두 번째 소원을 들어주지 않았을까요?

5 지니는 아이에게 진짜 네 소원이 뭔지 잘 생각해 보라고 합니다. 왜 이런 조언을 했을까요?

6 아이는 지니에게 어떻게 하면 진짜 내 소원을 알 수 있냐고 묻습니다. 그 물음에 지니는 무슨 말을 했나요?

7. 아이는 지니와의 대화를 통해 나에 대해 알려면 오랜 시간이 필요하다는 사실을 알게 되었어요. 세 번째 소원은 일 년 뒤에 말하겠다며 작별 인사를 하고 시간을 보내는 동안 아이는 무엇을 했을까요?

8. 드디어 세 번째 소원을 말할 수 있게 된 아이는 어떤 소원을 말하려고 했을까요?

9. 반전이 있는 결말에서 웃음이 터집니다. 지니는 세 번째 소원은 일 년 뒤에 소원을 말하는 거였으니 그 소원은 이미 다 들어준 거라고 말합니다. 이 말에 대해 어떻게 생각하나요?

10 실망한 아이는 소원을 백 가지 정도는 들어줘야지 왜 맨날 세 가지만 들어주냐고 합니다. 마지막 페이지 그림에서 아이는 백 번째 소원을 적기 위해 생각에 잠깁니다. 그렇다면 아이가 적은 99개의 소원은 무엇일까요?

11 지니와의 만남은 아이에게 어떤 변화를 가져왔나요?

12 앞에서 했던 질문을 다시 한번 해볼게요. 여러분의 '진짜' 소원은 무엇인가요? 세 가지만 말해 보세요.

♣ 후속 활동

소원을 들어주는 요정이 살고 있을 법한 호리병이나 요술 램프를 그려보세요.

네 번째 여행

내 속엔 내가 너무도 많아

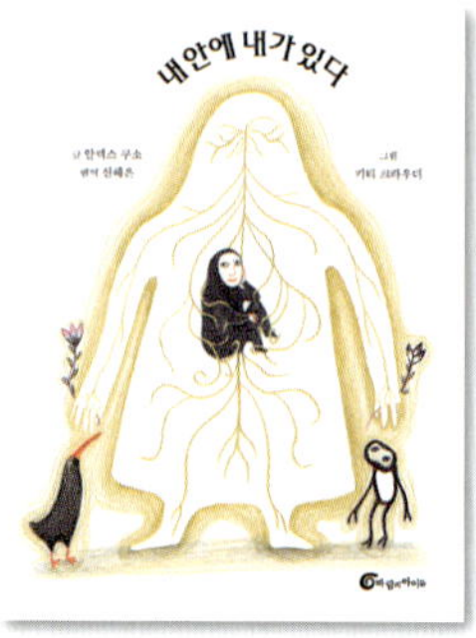

알렉스 쿠소 글 | 키티 크라우더 그림

신혜은 옮김 | 바람의 아이들

2020

“내가 항상 나인 건 아니었다.” 이야기는 이렇게 시작한다. 내가 항상 내가 아니라면 나는 누구인가? 나에 대한 탐색은 마음을 혼란스럽게 하고 정답이 없는 생각으로 이끈다.

이런 생각에 골똘하게 되는 청소년기는 내 속을 헤집고 다니는 괴물을 만나고, 그 괴물과 힘든 대결을 벌이는 시기이다. 자아 탐색의 여정이자 성장을 위해 반드시 거쳐야 하는 통과의례이기에 무척 중요하다.

이 책은 나를 괴롭히는 내면의 그림자를 똑바로 바라보고 온몸으로 부딪힐 용기를 갖게 한다.

어떤 날은 내가 내가 아닌 것 같고,
어떤 날은 내가 나인 것 같습니다.
‘나는 누구일까?’, ‘나는 어디에 있는 걸까?’
이런 의문이 생길 때가 있지요.
내 안에 있는 또 다른 나를 만나
싸우고 화해하고 끌어안아 봅니다.
『내 안에 내가 있다』와 함께…

♣ 두런두런 표지 이야기

❶ 표지에 무엇이 보이나요? 그림을 본 느낌이 어때요?

❷ 제목을 읽어보세요. 내 안에 내가 있다는 건 어떤 의미일까요?

♣ 책을 읽고 나서

❶ 이 책을 본 느낌이 어때요? 어떤 장면이 가장 기억에 남았나요? 그 이유도 말해 보세요.

2. '내가 항상 나인 건 아니었다. 내가 되기 전까지, 난 내 안에 없었다. 다른 곳에 있었다. 다른 곳, 나를 제외한 모든 곳.' 선뜻 이해가 안 되지만, 무슨 뜻인지 알 것 같기도 합니다. 다른 곳, 나를 제외한 모든 곳은 어떤 곳일까요?

3. 내 안에 있는, '나'를 없애려 하는 괴물의 정체는 뭘까요?

4. 괴물과의 물수제비 시합에서 늘 이기던 내가, 왜 어느 날은 잘 튀어 오르지 않는 뭉툭한 돌을 집어 들었을까요?

5. 괴물에게 잡아먹히고 나서 나는 엄청 크게, 엄청 오래 소리를 질렀습니다. 겁을 먹은 괴물이 무릎을 꿇을 때까지 말이에요. 이 행동은 무엇을 의미할까요?

6. 구름이 빠져나가자 곧 비가 내리고 내 안에 무지개가 떴습니다. 그리고 낱말들, 온갖 색깔들이 생겨났지요. 그런데 왜 나는 쉬고 싶어졌을까요?

7. 이 책의 주인공처럼 자신을 찾기 위해 괴물과 싸우고 사방을 찾아 헤맨 적이 있나요?

8 내가 내가 아닌 것 같다는 생각을 해본 적이 있나요? 어떤 상황에서 그런 생각이 들었나요?

9 내 안에는 무수히 많은 '나'가 있습니다. 어떤 '나'가 있을까요?

방황하는 나		
	울부짖는 나	
		무기력한 나
다정한 나		
	정의로운 나	

10 첫 페이지의 '나'와 마지막 페이지의 '나'를 비교해 보고 달라진 점을 찾아보세요. '나'의 변화된 모습은 무엇을 의미하는 걸까요?

11 나를 찾아가는 여정에 필요한 것은 무엇일까요?

♣ 후속 활동

생각에 잠기고 괴물과 싸우고 소리치고 울부짖으며 방황한 끝에 찾은 내 모습을 그려 보세요.

다섯 번째 여행

내 마음속의 어두운 구석 밝히기

조오 글 · 그림

웅진주니어 | 2020

이야기는 흰 벽과 바닥이 맞닿은 어두운 구석에서 시작한다. 텅 비어 낯선 그 자리에 까마귀 한 마리가 찾아와 잠시 머문다. 웅크리며 서성이던 까마귀는 마침내 작은 살림살이를 하나씩 들여놓는다.

침대와 책장, 조명, 작은 화분이 놓이면서 공간은 달라진다. 노란색으로 벽이 꾸며지자 이제 구석은 쓸쓸한 빈자리에서 일상을 품는 보금자리가 된다.

까마귀의 손길로 폐쇄된 자리가 새로운 의미를 얻은 것이다. 그 모습은 그늘진 구석을 정성 들여 가꾸고 애정을 쏟으면 따뜻하고 특별한 공간이 된다는 사실을 일깨운다.

누구에게도 보여주고 싶지 않은 마음의 구석이 있습니다.
그곳은 어둡고 텅 비어 있지요.
아무도 찾지 않을 것만 같은 구석을 채우고
창문을 내어 볕을 들이고
세상과 소통하는 까마귀처럼
내가 좋아하는 작은 것들로 채우고 애정을 쏟아
특별한 나의 공간을 만들어 볼까요.
『나의 구석』과 함께…

♣ 두런두런 표지 이야기

1. 책 제목이 '나의 구석'입니다. '구석' 하면 어떤 생각이 가장 먼저 떠오르나요? '구석'이라는 단어가 주는 느낌은 어떤가요?

2. 표지 그림을 자세히 살펴보세요. 어떤 공간이 보이나요? 까마귀는 무엇을 하고 있나요?

3. 이 책은 어떤 내용을 담고 있을까요? 제목과 표지 그림을 보고 유추해 보세요.

♣ 책을 읽고 나서

1. 이 책을 본 느낌이 어때요? 어떤 장면이 가장 인상적인가요? 그 이유도 말해 보세요.

2. 까마귀는 어둡고 텅 빈 구석을 발견했을 때 무슨 생각을 했을까요?

3. 까마귀는 구석에 등을 기대어 앉기도 하고 누워도 보았습니다. 왜 이런 행동을 했을까요?

4 까마귀는 구석을 꾸미기 위해 어떤 물건을 가져다 놓았나요?

5 까마귀는 자신이 꾸민 따뜻하고 아늑한 공간에서 무엇을 하며 시간을 보냈나요?

6 구석을 채워 보금자리로 만든 까마귀는 왜 벽을 꾸미기 시작했을까요?

7 벽을 노란색 무늬로 가득 채우고도 까마귀는 허전함을 느낍니다. 그 이유는 무엇일까요?

8 마지막에 까마귀는 벽을 뚫어 창문을 냅니다. 바깥의 환한 빛을 안으로 들이고 창문을 열어 지나가는 하얀 새와 인사를 나누지요. 창문은 무엇을 의미하는 걸까요?

9 이 책에서는 공간으로서의 구석을 보여주지만, 사람들의 마음속에도 구석이 있답니다. 여러분의 마음속에는 어떤 구석이 있나요?

9-1 그 구석은 언제, 어떻게 생겨났나요?

9-2 그 구석은 어떤 모양인가요? 그림으로 표현해 보세요.

9-3 그 구석을 밝게 채우려면 무엇을 해야 할까요?

♣ 후속 활동

아래의 칸에 네 개의 모서리가 있지요? 이 모서리를 내 마음의 구석이라 생각하고 색연필, 사인펜, 연필로 예쁘게 꾸며 보세요.

여섯 번째 여행

나만의 속도를 따라서

이진경 글 · 그림

이야기꽃 | 2025

흔히들 인생을 마라톤에 비유한다. 긴 세월을 지치지 않고 달리기 위해서는 자신에게 맞는 속도를 찾아야 하기 때문이다. 달리기가 인생이라면, 이 책은 그 삶에 건네는 위로이자 다정한 조언이다.

앞서 달리는 누군가를 보면 뒤처지는 것 같아 불안하고, 나를 바짝 따라오는 누군가가 있으면 추월당할까 봐 조급해져 자꾸만 주위를 살피게 된다. 그러나 이 책은 강한 어조로 말한다. "괜찮아, 너의 속도로 달려도 돼."

한 걸음 한 걸음 내딛는 발끝의 리듬에 맞춰 자신의 숨결을 실어내는 일, 그것은 근사하면서도 용기 있는 삶의 태도라는 사실을 일깨운다.

나만 뒤처지는 건 아닐까?

추월당하면 어떻게 하지?

자꾸만 주위를 살피고 의식합니다.

다른 이들의 속도에 맞춰 달리니까

힘들고 지치고 재미도 없습니다.

즐겁게 달릴 수 있는

나만의 속도를 찾아볼까요!

『나의 속도』와 함께…

♣ 두런두런 표지 이야기

1. 이 책의 제목은 '나의 속도'입니다. 어떤 내용을 담고 있을지 유추해 보세요.

2. 앞표지와 뒤표지를 30초 정도 감상해 보세요. 앞표지만 보고 뒤표지만 보고 쫙 펼쳐 보면서 그림을 눈과 마음에 담아 보세요. 어떤 느낌이 드나요? 그림에서 무엇을 발견했나요?

느낌 :

발견한 것 :

3. 표지 색깔이 전체적으로 블루 톤(blue tone)이지만 앞표지와 뒤표지를 비교해 보면 미세한 차이가 있습니다. 이 색상의 차이는 무엇을 의미할까요?

♣ 책을 읽고 나서

1 이 책을 본 느낌이 어때요? 어떤 장면이 가장 인상적인가요? 그 이유도 말해 보세요.

2 (면지 그림을 보면서) 운동화 끈을 단단히 묶고 있는 누군가의 발이 보이고, 그 옆에는 '시작하는 친구들에게'라는 글이 적혀 있습니다. '시작'이라는 단어를 보면 어떤 생각이 드나요? 혹시 지금 시작하려는 무언가가 있나요?

2-1 무언가를 새로 시작할 때의 기분은 어떤가요?

3. 첫 문장은 '오래 망설였지? 그냥 시작하면 되는 건데. 그래 다른 사람들처럼'입니다. 주인공은 마라톤 대회에 참가하는 일을 왜 오래 망설였을까요?

4. 달리기를 준비하는 주인공과 다른 참가자들의 모습을 비교해 보세요. 어떻게 몸풀기를 하고 있나요?

5. '시작은 누구나 떨려. 잘할 수 있을까? 끝까지 달릴 수 있을까?' 이 텍스트가 있는 페이지의 그림을 가만히 들여다보세요. 주인공의 표정에서 어떤 감정이 읽히나요?

6 ‘탕!’ 소리와 함께 달리기가 시작되고 참가자들은 반짝이는 물방울처럼 저마다의 속도로 달려 나갑니다. 주인공은 달리면서 어떤 감정 변화를 느꼈나요?

6-1 주인공은 오르막을 만나고 언덕에 오르고 내리막을 달리고 잠깐 멈춰 쉬는 동안 무엇을 깨달았나요?

7 마라톤 참가자들을 응원하는 이들이 들고 온 피켓과 현수막에는 어떤 문구가 적혀 있었나요?

	너의 속도로 달려!	
		할 수 있어!

7-1 만약 여러분의 친구나 가족이 마라톤 대회에 나간다면 어떤 문구로 응원하고 싶나요?

8 마라톤을 완주한 주인공의 몸짓과 표정에서 무엇이 느껴지나요?

9 자기만의 속도로 완주한 주인공에게 어떤 말을 해주고 싶나요?

10 여러분은 공부, 자격증 취득, 악기, 운동, 기술 등을 배울 때 어떤 속도로 준비하나요?

11 나에게 맞는 속도가 있는데 주위를 의식해서 불안해하거나 조급한 마음으로 속도를 높인 적이 있나요?

12 나만의 속도로 내가 하고 싶은 일을 향해 꾸준히 나아가려면 어떤 마인드가 필요할까요?

13 (다시 읽기) 이 책의 텍스트를 소리 내어 읽어 보세요. 천천히 다시 읽은 느낌이 어때요?

♣ 후속 활동

1. 책 뒤쪽 작가의 말이 실린 면지에는 주인공이 벗어놓은 러닝화가 가만히 놓여 있습니다. 주인공은 자기 속도로 열심히 달렸고 러닝화는 주인과 함께 뛰었지요. 달리기 위해서는 러닝화가 필요하듯이 여러분이 청소년기를 무사히 보내려면 무엇이 필요할까요?

2. 여러분과 함께 청소년기를 보내고 있는 친구들에게 응원의 말을 건넨다면요?

행복해지는 길을 선택할 용기

오소리 글 · 그림 | 이야기꽃
2019

외딴섬에 사는 소녀는 친구들이 하나둘 신부가 되어 떠나자, 자신도 모험을 떠나기로 마음먹는다. 부모는 드레스와 노 하나를 주며 앞날을 축복한다. 그러나 신부를 찾는 배들은 노 하나로는 갈 수 없다며 태워 주지 않는다. 신부는 산과 숲을 떠돌다가 자신의 노가 한 생명을 구할 수 있다는 사실을 알게 된다.

그때부터 신부의 노는 과일을 따고 곰과 맞서고 야구에서 홈런을 날리는 도구가 된다. 유명한 야구팀의 감독들이 소문을 듣고 바다 건너 신부를 찾아와 서로 자기 팀에 데려가려 하지만, 신부는 조금도 망설이지 않고 추운 지방의 야구팀과 계약한다. 하얀 눈이 보고 싶으니까. 그렇게 새로운 곳으로 떠나며 이야기는 끝을 맺는다.

우리는 입버릇처럼 말합니다. 행복해지고 싶다고.
어떻게 하면 행복해질 수 있을까요?
누구나 행복을 누릴 자격이 있지만
누구나 행복을 누리지는 못합니다.
자신이 행복해지는 길이 무엇인지를 알고
그것을 향해 나아갈 용기가 필요하기 때문이지요.
행복해지는 길을 선택할 용기를 내어 볼까요.
『노를 든 신부』와 함께…

♣ 두런두런 표지 이야기

1. 하얀 드레스를 입은 신부가 노를 하나 들고 깊은 숲속을 걷고 있습니다. 신부가 들고 있어야 할 물건은 부케인데 대신 노를 들고 있네요. 그것도 두 개가 아닌 한 개의 노를 말이지요. 신부는 어떤 상황에 놓인 걸까요?

2. 숲길을 걷는 신부의 걸음걸이는 어때 보이나요?

♣ 책을 읽고 나서

1. 이 책을 본 느낌이 어때요? 어떤 장면이 가장 인상적인가요? 그 이유도 말해 보세요.

2. 친구들이 다들 신부와 신랑이 되어 섬을 떠나자 소녀도 신부가 되어야겠다며 모험을 떠나기로 마음먹습니다. 어머니와 아버지는 드레스와 노 하나를 주며 앞날을 축복했지요. 그런데 왜 딸에게 노를 하나만 주었을까요?

3. 신부가 되어 바닷가로 나간 소녀의 마음은 어땠나요?

4. 신부는 섬에서 나갈 배를 발견했지만 배 주인은 노 하나로는 갈 수 없다며 태워 주지 않았습니다. 섬 밖으로 나갈 수 있다는 기대에 부풀어 있었지만 떠날 수 없게 되었지요. 그래서 신부는 어떻게 했나요?

5 산 중턱쯤에서 만난 한 사람이 절대 외롭지 않을 거라며 자신의 배를 타라고 했지만 신부는 얼른 그곳을 떠났습니다. 왜 그랬을까요?

6 산꼭대기에서 만난 사람은 이 배를 타면 모두가 부러워할 거라며 섬에서 가장 호화로운 배에 오를 것을 권합니다. 하지만 이번에도 신부는 "이건 아니야"라고 말하고는 배를 등지고 산을 내려갔지요. 왜 그랬을까요?

7 신부는 차라리 심심한 게 나은지도 모르겠다고 생각하며 숲속을 걸었습니다. 신부들을 가득 태운 배도, 섬에서 가장 호화로운 배도 외면한 채 말이지요. 이런 신부의 행동에 대해 어떻게 생각하나요?

8 늪에 빠진 사냥꾼의 목소리를 듣고 달려가 그를 돕기 위해 밧줄을 찾고 있을 때 사냥꾼이 한 말을 기억하나요? 이 말을 들은 신부는 눈을 반짝이며 "오, 당신은 천재예요!"라고 말했지요. 사냥꾼의 말은 신부에게 어떤 변화를 가져다 주었나요?

9 사냥꾼 덕분에 신부는 노 하나로 할 수 있는 일들을 찾게 되었지요. 어떤 일을 했는지 떠올려 보세요.

10 신부는 비로소 자신의 재능을 찾았습니다. 즐겁게 할 수 있는 일이자 자신이 가장 잘할 수 있는 일을 말이지요. 하얀 드레스를 입은 야구 선수는 야구방망이 대신 노로 홈런을 치고 달립니다. 이 장면을 보고 어떤 생각이 들었나요?

11 신부는 유명한 야구팀들의 스카웃 제의를 거절하고, 조금의 망설임도 없이 추운 지방의 야구팀과 계약했습니다. 그 이유는 무엇인가요?

12 신부는 자신이 즐겁고 행복해지는 길을 선택해서 비행기를 타고 새로운 곳으로 떠납니다. 배가 아닌, 비행기를 타고서요. 비행기는 무엇을 의미할까요?

13 인생이 즐겁고 행복해지는 길이 무엇이라고 생각하나요?

14 청소년기는 정체성의 혼란, 또래 관계, 학업 스트레스, 진로 고민 등으로 마음이 복잡하고 힘든 때이지만, 10대만이 누릴 수 있는 나름의 행복이 있답니다. 어떤 행복이 있나요?

♣ 후속 활동

새로운 곳으로 떠난 신부에게는 어떤 인생이 펼쳐질까요? 뒷이야기를 쓰고 어울리는 그림을 그려보세요.

너

네 마음의 소리가 들려!

첫 번째 여행

너의 눈으로 세상을 바라본다면

정진호 글 · 그림 | 현암주니어
2014

이 책은 너의 눈으로 바라볼 때 생기는 따뜻한 변화를 이야기한다. 수지가 매일 아파트 베란다에서 혼자 멀리 아래로 세상을 내려다본 이유는 교통사고로 다리를 잃었기 때문이다.

어느 날, 앞만 보며 걸어 다니는 사람들에게 수지는 마음속으로 외친다. '내가 여기에 있어요. 아무라도 좋으니 위를 봐요!' 수지의 외침을 듣기라도 한 듯, 기적처럼 한 아이가 고개를 들어 수지를 쳐다본다. 이들의 눈이 마주친 순간부터 감동적인 일이 펼쳐진다.

평소와는 다른 방향을 바라보면 새로운 풍경을 만나게 되고, 새로운 인연이 시작된다는 사실을 일깨운다.

더불어 살기 위해서는 자신을 잘 아는 일이 우선이지만
다른 사람의 삶도 볼 줄 아는 섬세한 눈과
그들의 귀로 듣고 그들의 마음으로 느낄 줄 아는
공감 능력이 필요합니다.
이러한 능력은 어떻게 키워질까요?
늘 시선을 두던 곳에서 방향을 돌려
위도 보고, 아래도 보고, 옆도 바라보면 된답니다.
우리 같이 해볼까요.
『위를 봐요!』와 함께…

♣ 두런두런 표지 이야기

1. 표지 그림을 자세히 살펴보세요. 어떤 장면을 그린 것 같나요?

2. 모두가 앞을 보고 걷는데 한 아이만 그 자리에 멈춰 서서 위를 올려다봅니다. 아이는 무엇을 보고 있는 걸까요?

♣ 책을 읽고 나서

1. 이 책을 본 느낌이 어때요? 가장 인상적인 장면이 있다면요? 그 이유도 말해 보세요.

❷ 이 책은 건물 평면도처럼 위에서 아래로 내려다본 풍경을 그리고 있습니다. 수지가 있는 곳은 몇 층 정도일까요? 수지의 눈에 비친 아래의 모습은 어떤가요?

❸ 사실 수지가 사는 층은 그리 높지 않습니다. 하지만 수지는 아래로 내려갈 생각을 하지 않고 매일 그 자리에서 내려다보기만 했습니다. 그 이유가 뭘까요?

❹ 어느 날, 수지는 '내가 여기에 있어요. 누구라도 좋으니 위를 봐요!' 하고 마음속으로 힘껏 외칩니다. 이 외침은 무엇을 의미하는 걸까요?

5. 고개를 든 한 소년과 수지의 눈이 마주칩니다. 수지의 사연을 알게 된 소년은 위에서는 머리 꼭대기만 보인다는 말에 "그럼, 이건 어때?"라고 말하며 바닥에 누웠습니다. 소년은 왜 이런 행동을 했을까요?

6. 소년과 그를 따라 바닥에 누운 사람들을 보면서 수지는 무슨 생각을 했을까요?

7. (그림책 속 그림 읽기) 마지막 장면을 자세히 보세요. 수지는 어디에 있나요?

8 (그림책 속 그림 읽기) 이 그림책은 주로 검은색과 흰색으로 이루어져 있습니다. 이야기가 끝날 무렵부터 조금씩 다른 색깔이 나타나는데요. 색깔의 변화는 무엇을 의미할까요?

9 비로소 건물 아래로 내려온 수지는 소년과 나란히 앉아 위를 바라봅니다. 무엇이 이러한 변화를 가능하게 했나요?

9-1 아래에서 위를 올려다본 수지는 그 순간 어떤 생각을 했을까요? 기분은 어땠을까요?

9-2 항상 아래만 바라보던 수지가 위를 올려다본 풍경을 그려보세요.

10 여러분의 시선은 습관적으로 어디를 향하고 있나요?

⑪ 이 책은 다른 사람의 눈으로 볼 때, 너의 눈으로 주위를 바라볼 때 생기는 따뜻한 변화를 이야기합니다. 여러분도 타인을 위해 다른 쪽으로 시선을 돌려 본 적이 있나요? 언제, 누구를 위해서 그렇게 했나요?

⑪ -1 그때 기분이 어땠나요? 새로 알게 된 사실이나 깨달은 점이 있다면요?

두 번째 여행

우울한 이들을 위하여

전미화 글 · 그림

웅진주니어 | 2017

이 책은 터무니없는 상상에서 시작한다. 어느 날 누군지도 모르는 공룡이 우리 집 벨을 불쑥 누르고는 '단지 당신이 우울하다는 소식을 듣고 찾아 왔소'라는 말을 한다면? 그러고는 카세트 플레이어를 틀어 놓고 음악에 맞춰 흥겹게 춤을 춘다면?

언짢아하며 문을 쾅 닫아 버리는 주인의 냉대에도 마이클은 자신이 준비한 것을 열심히 펼쳐 보인다. 어느새 7532호 주인은 마이클의 노력에 마음을 열고, 자신도 모르는 사이 문을 박차고 나가 둘이 함께 시원한 춤사위로 마음속에 쌓인 우울을 날려 버린다. 그리고 두 사람은 또 다른 누군가의 우울과 짜증을 달래주러 함께 나선다.

누구나 우울한 기분을 느낍니다.
깊은 우울감에 빠진 사람도 있고요.
누군가의 우울한 기분을 읽고 달래주는 것,
이것은 오지랖일 수도 있지만
우울한 이를 웃게 하는 힘이 되기도 하지요.
우울해하는 이를 위해 무엇을 하면 효과가 있을까요?
좋은 방법을 찾아볼까요.
『어느 우울한 날 마이클이 찾아왔다』와 함께…

♣ 두런두런 표지 이야기

❶ 표지 그림이 강렬합니다. 어떤 장면을 그린 것 같나요?

❷ '어느 우울한 날' 우울해한 이는 누구이며 그를 찾아온 마이클은 누구일까요? 손에 든 카세트 플레이어는 무엇을 하는 데 사용될까요?

♣ 책을 읽고 나서

❶ 이 책을 본 느낌이 어때요? 어떤 장면이 가장 재미있었나요? 그 이유도 함께 말해 보세요.

❷ 마이클은 왜 7532호를 찾아가 초인종을 눌렀나요?

❸ 7532호에 사는 사람은 생각이 많을 뿐, 우울 따윈 하지 않다고 했는데 정말 그럴까요?

❹ 마이클은 7532호 주인으로부터 잡상인 취급을 당했는데도 굴하지 않고 문밖에서 춤을 췄어요. 이렇게까지 하는 이유가 뭘까요?

❺ 마이클과 7532호 주인은 각자 그리고 함께 음악에 맞춰 신나게 춤을 추고 나서 서로의 이름을 말하고 인사를 나눴어요. 두 사람에게 춤과 음악은 무엇을 의미하는 걸까요?

❻ 7532호의 주인 달보는 마이클 덕분에 우울감에서 벗어나 그가 함께 하자고 제안한 일을 받아들입니다. 그리고 잘 차려입고 문밖을 나서지요. 두 사람이 함께 한 일은 무엇인가요?

❼ 마이클은 달보를 달라지게 했습니다. 그리고 짜증에 찌든 누군가를 또 변화시킵니다. 마이클처럼 하려면 무엇이 필요할까요?

8 마이클은 알지도 못하는 7532호 주인이 단지 우울하다는 얘기를 듣고 그만을 위한 이벤트를 준비했습니다. 타인의 마음에 귀를 기울인 것이지요. 여러분은 우울해하는 누군가의 마음을 알아채고 그를 즐겁게 해주기 위해 무언가를 한 적이 있나요?

8-1 결과는 어땠나요? 상대방의 반응은 어땠나요? 그 일을 계기로 깨달은 점이 있다면요?

9 반대로 여러분이 우울할 때 내 마음에 귀를 기울여준 사람이 있나요? 나를 위해 무엇을 해주던가요? 그때 기분이 어땠나요?

⑩ 우울할 때 누구의 방해도 받지 않고 혼자 있고 싶어 하는 사람들도 있답니다. 이런 경우에는 어떻게 하는 게 좋을까요?

♣ 후속 활동

❶ 주인공 이름인 '마이클'로 재미있고 톡톡 튀는 삼행시를 지어 보세요.

마

이

클

❷ '마이클'로 삼행시를 짓되 너의 마음을 이해하고 위로하는 내용으로 써보세요.

마

이

클

❸ 누군가의 우울함을 달래주기 위해 함께하면 좋을 이벤트를 생각해 보세요. 단, 우울한 사람의 입장이 되어 보고 그가 불쾌해하지 않을 만한 이벤트여야 합니다.

1.

2.

3.

4. 이 책은 열린 결말로 끝이 납니다. 책의 마지막 페이지를 닫힌 결말로 바꿔 써보세요.

세 번째 여행

가까운 사이일수록 마음 다치지 않게

김태란 글 · 그림 | 월천상회
2025

조금은 무뚝뚝하고 재주가 많은 것도 아니지만 맡은 일은 잘 해낼 자신이 있는 고무장갑이, 어느 날 마음대로 안 돼서 답답해하고 쉽게 벗을 수 없다며 짜증내는 손을 향해 단호하게 말한다. “친하다고 함부로 대하지는 않았으면 좋겠어.”

고무장갑과 손의 관계를 통해 가깝다고 함부로 대하지 않는 것, 가까운 사이일수록 예의가 필요하다는 사실을 일깨운다. 이는 친구 사이를 비롯해서 모든 인간관계에도 적용되는 법칙이다.

‘친구 사이니까 그래도 되겠지.’
‘가까운 사이니까 이 정도는 괜찮겠지.’
라는 생각으로 무례하게 행동하고
배려를 소홀히 하는 건
소중한 이의 마음을 잃는 가장 쉬운 방법입니다.
너의 마음을 다치지 않게 하려면,
소중한 친구를 잃지 않으려면
어떻게 해야 하는지 알아볼까요.
『나랑 친구 할래?』와 함께…

♣ 두런두런 표지 이야기

1. 앞표지 그림에 무엇이 보이나요? 어떤 상황을 표현한 걸까요?

2. 뒤표지에는 무엇이 그려져 있나요?

3. 책을 펼쳐서 앞표지와 뒤표지 그림을 같이 보고 이 책의 내용을 유추해 보세요.

♣ 책을 읽고 나서

1. 이 책을 본 느낌이 어때요? 가장 기억에 남는 장면이 있다면요? 그 이유도 말해 보세요.

2. 이 책의 글은 짧고 간결하지만 페이지마다 마음을 울리는 문장이 독자를 기다립니다. 기억에 남거나 마음에 새기고 싶은 문장이 있으면 옮겨 적어 보세요.

3. 고무장갑은 자신을 어떻게 표현했나요?

4 고무장갑은 집에서 주로 어떤 일을 했나요?

5 손은 고무장갑 덕분에 풀기 힘든 문제를 해결합니다. 어떤 문제를 어떻게 해결했나요?

6 주변 환경에 자주 물이 들지 않는다는 건 무엇을 의미하는 걸까요?

7 고무장갑은 손에게 나와 함께 있으면 너는 용감해질 거라고 말합니다. 그 이유는 무엇인가요?

8 손은 고무장갑 덕분에 어려운 일도 거뜬히 해낼 수 있습니다. 어떤 일들일까요?

9 그런데도 손이 고무장갑 때문에 답답해하고 짜증을 냅니다. 어떤 상황에서 그랬나요?

10 어느 날, 고무장갑이 손에게 무슨 말을 했나요?

11 고무장갑은 손에게 가까운 사이에도 예의를 지켜야 한다고 말했습니다. 어떻게 예의를 지켜야 할까요?

⑫ 손에게 자신의 마음을 솔직하게 표현한 고무장갑은 너의 배려에 나는 행복할 거라고 말합니다. 고무장갑은 손으로부터 어떤 배려를 받고 싶을까요?

⑬ 앞표지 그림과 책 후반부의 텍스트 '나랑 친구 할래?'가 있는 페이지의 그림은 비슷해 보이지만 다릅니다. 어떤 점이 비슷하고 어떤 점이 다른가요?

⑬-1 이 페이지의 그림이 갖는 상징적인 의미는 무엇일까요?

⑭ 그래서, 그 이후로 고무장갑과 손은 어떻게 지냈나요?

15 여러분의 인간관계에서 고무장갑과 손처럼 친하거나 가깝게 생각하는 사람은 누구인가요? 그리고 그들을 어떻게 대하고 있나요?

이름	나와의 관계	대하는 방식

16 친하다는 이유로 친구 또는 가족이 여러분에게 무례하게 행동하거나 배려하지 않을 때 어떤 기분을 느끼나요?

17 친구 또는 가족 때문에 마음이 상했다면 어떻게 하는 게 좋을까요?

17-1 반대로 나로 인해 친구 또는 가족의 마음이 상한 적이 있나요? 그때 어떻게 했나요?

♣ 후속 활동

1 이 책의 제목은 '나랑 친구 할래?'입니다. '친구'로 이행시를 지어 보세요.

친

구

2 고무장갑과 손이 화해하는 모습을 이모티콘으로 표현해 보세요.

네 번째 여행

상대방의 고민을 들어주는 방법

강경수 글 · 그림 | 시공주니어
2020

우리 모두 상담사로 살아간다. 친구의 고민을 들어주기도 하고 형제의 걱정을 들어줄 때도 있다. 고민을 털어놓는 상대가 가장 만족스러워하는 상담은 뭘까? 그저 가만히 들어주는 것이다. 이 책에 나오는 펭귄 선생님처럼.

조용한 마을에 고민을 해결해 주는 펭귄 선생님이 있다. 누구나 그를 만나기만 하면 고민이 해결되는데…. 고개가 절로 끄덕여지는 펭귄 선생님의 상담 비결을 확인하는 순간 '아하!' 반응과 함께 공감의 웃음이 터져 나온다.

누구나 상담사 역할을 하면서 살아갑니다.
친구나 형제가 고민을 얘기해 오면 어떻게 하나요?
해결책이나 방법을 제시할 때보다 가만히 들어줄 때
상대방이 더 큰 위안을 얻는 모습을 보았을 거예요.
왜 그럴까요? 그 이유를 알아봅니다.
『고민 해결사 펭귄 선생님』과 함께…

♣ 두런두런 표지 이야기

1 '고민'은 마음속으로 괴로워하고 애를 태운다는 뜻이에요. 여러분은 요즘 어떤 고민이 있나요?

1-1 여러분은 고민이 있을 때 어떻게 하나요? 고민을 해결하는 나만의 방법이 있나요?

2 고민 해결사 펭귄 선생님은 어떤 상담사일 것 같나요?

♣ 책을 읽고 나서

1. 이 책을 본 느낌이 어때요? 어떤 장면이 가장 재미있었나요? 그 이유도 말해 보세요.

2. 동물들은 펭귄 선생님에게 어떤 고민을 털어 놓았나요?

개구리

악어

카멜레온

원숭이

곰

3. 여러분은 동물들의 고민에 대해 어떻게 생각하나요? 과연 상담을 받을 만한 고민일까요?

4 만약 여러분이 펭귄 선생님이라면 동물들에게 어떤 조언을 해줬을 것 같나요?

개구리

악어

카멜레온

원숭이

곰

5 펭귄 선생님은 동물들이 각자의 고민을 얘기할 때 어떤 해결책도 주지 않았어요. 그런데도 동물들은 자신의 고민이 시원하게 해결되었다며 만족해했습니다. 펭귄 선생님의 상담 비결은 무엇이었나요?

6 마지막 장면의 반전에서 웃음이 터져 나옵니다. 알고 보니 펭귄 선생님은 귀마개를 하고 있었어요. 펭귄 선생님은 왜 귀마개를 하고 있었을까요?

7 책을 다시 펼쳐 보세요. 동물들이 고민을 얘기할 때 펭귄 선생님은 무엇을 하고 있었나요?

8 펭귄 선생님은 정말 유능한 상담사일까요? 그렇다면 (또는 그렇지 않다면) 왜 그렇게 생각하나요?

8-1 펭귄 선생님의 상담 기법에 대해 어떻게 생각하나요?

9 여러분은 다른 사람이 자신의 고민을 얘기해 올 때 어떻게 하나요? 해결책을 주는 편인가요? 말없이 들어주는 편인가요?

9-1 어떻게 했을 때 상대방의 만족도가 더 높았나요?

10 여러분이 누군가에게 고민을 얘기했을 때 해결책이나 조언을 주는 사람과 가만히 들어주는 사람 중에서 어느 쪽이 더 위로가 되던가요?

♣ 후속 활동

다른 사람의 이야기나 고민을 잘 들어주는 건 그 사람을 이해하려고 노력하는 행동이에요. 가족이나 친구, 선생님 중에서 다른 사람의 이야기를 귀담아듣고 마음을 잘 이해해 주는 사람이 있나요? 이름을 적고 어울리는 수식어를 생각나는 대로 써보세요.

이름	수식어
유재석	기부 천사, 이타적인, 잘 들어주는, 상담사 같은, 마음이 넓은

다섯 번째 여행

나와 너를 연결하는 출발선, 인사

김성미 글 · 그림

책읽는곰 | 2020

늑대 아저씨네 옆집에 여우 가족이 이사를 왔다. 늑대 아저씨와 여우는 눈이 마주치지만, 어색함에 인사를 나누지 못하고 서로 못 본 척 돌아선다. 다음에는 꼭 인사해야겠다고 마음먹지만, 번번이 머뭇거리다 기회를 놓치고 만다.

서로 눈치를 보는 사이 시간이 흐르고 마주칠 때마다 불편한 마음은 커져 간다. 심지어 누가 먼저 인사를 할 것인가를 두고 묘한 신경전까지 벌이며 서로를 오해하기에 이르는데….

일상생활 속에서 누구나 겪었을 법한 에피소드, 인사로 시작하는 관계 맺기에 실패한 이야기가 유쾌한 글과 익살스러운 그림으로 펼쳐진다.

우리가 매일 하는 일 중 하나는 인사입니다.
처음 만나면 관계 맺기의 출발로서 인사를 하고
길에서, 엘리베이터에서 아는 사람과 마주치거나
친한 사람을 만나면 인사로 예를 갖춥니다.
인사하기는 인간관계의 기본이지요.
인사는 나와 너를 잇는 첫 출발점이기도 합니다.
그런데 인사를 하는 데도 용기가 필요해요.
왜 그럴까요? 그 이유를 알아볼까요.
『인사』와 함께…

♣ 두런두런 표지 이야기

❶ 책 제목이 '인사'입니다. 이 책과 인사 나눠 볼까요! 첫 만남이니까요. 인사말을 아래에 적어 보세요.

❶-1 그림책과 인사를 나눠 보니까 어때요?

❷ 인사를 나누었으니 표지 그림을 자세히 살펴볼까요. 늑대 아저씨와 여우는 어디에 가고 있는 걸까요?

❷-1 늑대 아저씨와 여우의 표정은 어때 보이나요?

❷ -2 어떤 상황이 펼쳐지고 있는 것 같나요?

♣ 책을 읽고 나서

❶ 늑대 아저씨와 여우는 첫 만남에서 왜 서로에게 먼저 인사하지 못했을까요?

늑대 아저씨	여우

❷ 서로 인사할 타이밍을 놓친 이후로 늑대 아저씨와 여우 사이에 어떤 오해가 쌓였나요?

늑대 아저씨	여우

❸ 시간이 지나면서 늑대 아저씨와 여우는 누가 먼저 인사 하는지 두고 보자는 식이 되었어요. 두 사람의 힘겨루기를 보면서 어떤 생각을 했나요?

❹ 늑대 아저씨가 이사를 가고 한참 시간이 지나 두 사람은 우연히 건널목에서 다시 만났어요. 어디선가 본 듯하지만 서로를 기억하지 못한 채 인사를 나누지요. 이번에는 어떻게 인사를 할 수 있었을까요?

❺ 늑대 아저씨와 여우처럼 누군가에게 인사를 할까 말까 고민해 본 적이 있나요? 어떤 상황에서 고민을 하게 됐나요? 그때 마음은 어땠나요?

❺-1 타이밍이 어긋나서 인사를 못하고 내내 불편한 관계로 지낸 사람이 있나요? 인사 때문에 상대방의 마음을 오해한 적이 있나요?

❻ 인사가 서로의 관계를 불편하게 할 만큼 인간관계에 큰 영향을 미칠까요?

❼ 사람들은 인사를 왜 그토록 중요하게 여길까요?

❽ 여러분이 생각하는 '인사'의 의미는 무엇인가요?

♣ 후속 활동

인사人事를 국어사전에서 찾아 그 뜻을 써보세요. 인사의 참뜻을 알고 나면 우리가 인사를 잘 해야 하는 이유를 알게 된답니다.

여섯 번째 여행

너의 비밀을 지켜줄게!

고혜진 글 · 그림
달그림 | 2025

사자는 빛나는 갈기와 위엄 있는 모습으로 숲속 동물들의 존경을 받지만, 누구에게도 들키고 싶지 않은 비밀이 있다. 그것은 바로 가늘고 여린 목소리를 가지고 있다는 것. 매일 기도한 끝에 우스꽝스럽지만 특별한 목소리를 얻게 되고, 그것은 결국 사자의 개성이 된다.

이 책은 완벽해 보이는 존재도 감추고 싶은 약점을 지니고 있다는 사실을 유머러스하게 보여준다. 콤플렉스가 나를 작게 만드는 약점이 아니라 오히려 나만의 개성이 될 수 있음을 일깨운다. 더불어 비밀을 가진 모두에게 공감과 웃음을 선사한다.

누구나 들키고 싶지 않은 비밀이 있습니다.
그것이 콤플렉스라면 더욱 감추고 싶어집니다.
나의 비밀이 지켜지길 바라는 것처럼
다른 사람의 비밀을 감춰주는 미덕을 발휘하는 것도
상대방의 마음을 지켜주고 배려하는 길이지요.
비밀을 간직한 이들의 마음을 어떻게 알아차릴 수 있을까요?
네 마음의 소리를 듣는 방법을 배워볼까요.
『누구나 비밀은 있다』와 함께…

♣ 두런두런 표지 이야기

❶ '비밀' 하면 무엇이 가장 먼저 떠오르나요?

❷ 사자 머리 위에 작은 벌새가 있습니다. 둘은 어떤 사이일까요?

❸ 뒤표지를 살펴보세요. "빛나는 갈기, 날카로운 이빨, 모두가 우러러보는 동물의 왕 사자. 완벽한 그에게도 비밀은 있었다"라고 적혀 있습니다. 사자의 비밀은 무엇일까요?

♣ 책을 읽고 나서

1. 모두가 우러러보는 사자의 비밀은 아주 작고 가는 울음소리입니다. 다른 동물들이 자기의 비밀을 알게 될까 봐 겁이 난 사자는 바위 꼭대기에 올라가 무엇을 했나요?

2. 기도한 지 백일이 지나도 목소리가 변함없자 화가 난 사자는 무엇을 했나요?

3. 사자가 숲속 동물들의 소리를 다 먹어 버린다는 소문이 퍼지자 숲속 동물들은 어떻게 했나요?

4. 사자는 소리를 너무 많이 먹어서 배탈이 났습니다. 작은 벌새는 데굴데굴 구르는 사자를 어떻게 도와주었나요?

5 작은 벌새가 알려준 대로 하자 사자의 배 속에서 무엇이 나왔나요?

6 작은 벌새 덕분에 배탈이 멈춘 사자는 인사를 전하며 오늘 일을 비밀로 해달라고 합니다. 왜 비밀로 해달라고 부탁했을까요?

6-1 작은 벌새는 비밀로 하겠다고 약속하고 그 약속을 지키지요. 사자의 약점을 알게 됐으니 그걸 이용하여 무언가를 얻어낼 수도 있었는데 말이지요. 작은 벌새를 보면서 어떤 생각을 했나요?

7. 사자를 도와주고 간 작은 벌새는 더 이상 책에 나오지 않습니다. 하지만 사자는 자신의 비밀을 지켜준 작은 벌새에게 어떤 보답을 했을 것 같나요?

8. 작은 벌새가 비밀을 지켜준 덕분에 사자는 계속 동물의 왕으로 지낼 수 있었지요. 트림 소리 덕분에 아주 유명해졌고요. 그런데 사자의 비밀은 영원히 지켜질까요?

9. 다른 사람의 콤플렉스가 되는 비밀을 직접 들었거나 우연히 알게 된 적이 있나요? 그때 어떻게 했나요?

❾-1 비밀을 끝까지 지켜주었나요? 혹시 다른 누군가에게 말하고 싶은 충동을 느끼진 않았나요?

❿ 다른 사람의 콤플렉스가 되는 비밀을 지켜주려면 어떤 마음이 있어야 할까요?

너에게 들려주고 싶은 말

피르코 바이니오 글 · 그림

이상희 옮김 | 토토북 | 2019

'처음' 앞에서 흔들리는 아이들에게 보내는 따뜻한 응원의 목소리를 담고 있다. 알에서 갓 깨어난 아기 새는 빨리 하늘을 날고 싶지만 아직은 모든 게 두렵고 서툴다. 그런 아기 새의 몸짓과 시행착오를 지켜보며 부모는 다정한 응원을 보낸다.

이 책은 바로 그러한 순간을 포착한다. 아기 새가 날갯짓을 시도하다 좌절하기도 하고, 다른 방법을 찾아 나서기도 하는 모습은 성장의 과정에 있는 아이들의 자화상이다. 부모의 위로와 격려는 아이가 포기하지 않고 다시 꿈을 향해 나아가도록 하는 힘이 된다. 그리고 이 응원가는 우리 모두를 위한 축복과 격려의 말이다.

칭찬과 격려가 중요하다는 사실을 잘 알면서도
비난과 질책의 언어가 앞설 때가 많습니다.
그런 말은 사람들의 마음에 깊은 상처를 남기지요.
너를 향한 응원이 그리운 요즘,
어떤 말이 상대방을 위로하고
힘 나게 하는지 알아볼까요.
『하늘을 날고 싶은 아기 새에게』와 함께…

♣ 두런두런 표지 이야기

❶ 아기 새가 무엇을 하고 있나요? 아기 새의 몸짓, 표정을 살펴보세요.

❷ 아기 새가 하늘을 날 수 있으려면 스스로 어떤 노력을 해야 할까요?

❸ 아기 새가 하늘을 날 수 있으려면 주위에서 누가, 어떻게 도와줘야 할까요?

♣ 책을 읽고 나서

1. 이 책을 본 느낌이 어때요? 어떤 장면이 가장 마음에 와닿았나요? 그 이유도 말해 보세요.

2. 이 책은 하늘을 날기 위해 노력하는 아기 새를 향한 응원과 격려, 조언의 말들로 가득합니다. 어떤 말이 가장 마음에 와닿았나요? 반대로 와닿지 않은 말이 있다면요?

와닿은 말

와닿지 않은 말

❸ 하늘을 날기 위해 시행착오를 거치는 아기 새의 작은 몸짓을 보면서 어떤 생각을 했나요?

❹ 만약 여러분이 아빠 · 엄마라면 날기 위해 애쓰는 아기 새에게 어떤 말을 해줄 것 같나요?

❺ 속표지에 이런 문장이 있습니다. "고마워. 이 세상에 태어나 줘서." 누군가로부터 이런 말을 들어본 적이 있나요? 그때 기분이 어땠나요?

❺-1 아직 듣지 못했다면 누구로부터 이런 말을 듣고 싶나요?

❻ 내가 듣고 싶은 말이 있듯이 다른 사람도 듣고 싶은 말이 있을 거예요. 지금부터 다른 사람(너)의 마음이 되어 봅니다. 그들이 듣고 싶어 할 말을 적어 보세요.

아빠 · 엄마
할머니 · 할아버지
형(누나, 오빠) · 동생
선생님
친구
군인
의사 · 간호사
편의점 직원
경비원

❼ 내가 듣기 싫은 말이 있듯이 다른 사람도 듣기 싫은 말이 있을 거예요. 지금부터 다른 사람(너)의 마음이 되어 봅니다. 그들이 듣기 싫어할 말을 적어 보세요.

아빠 · 엄마
할머니 · 할아버지
형(누나, 오빠) · 동생
선생님
친구
군인
의사 · 간호사

편의점 직원
경비원

♣ 후속 활동

1. 이 책에 실린 글은 시의 언어 같아서 필사하기 좋습니다. 베끼어 쓰는 활동을 하면 빨리 읽고 지나갈 때보다 글에 머무는 시간이 길어져 생각하는 힘이 길러지고 내용이 오래 기억에 남습니다. 책을 다시 한번 읽고 마음에 드는 문장을 옮겨 적어보세요.

❷ 옮겨 적은 후에는 소리 내어 읽어 보세요. 느낌이 어떤가요?

♥ 알아 두기

낭독은 쉼의 미학이에요. 단어와 단어 사이, 문장과 문장 사이, 쉼표와 마침표가 있는 곳을 의식하면서 읽다 보면 호흡이 정리되면서 마음이 편안해집니다. 그림책을 소리 내어 읽는 활동은 조용하지만, 적극적인 독서 방법이랍니다.

우리

우리가 함께할 때 일어나는 일들

첫 번째 여행

작은 관심과 배려의 기적

보람 글 · 그림

길벗어린이 | 2020

작디작은 해바라기의 눈물겨운 생존기를 그렸다. 작은 해바라기는 키 큰 해바라기들 사이에서 겨우 햇볕을 쬐고 빗물도 조금씩 마셔가며 살기 위해 몸부림친다. 그러던 어느 날, "해님 보러 가면 되잖아. 날개도 있으면서…"라는 꿀벌의 말을 듣고 작은 해바라기는 잎사귀를 파닥여 본다.

꿀벌과 나비의 응원을 받으며 점점 더 열심히, 빠르게 날갯짓을 하자 '파닥파닥' 하는 소리가 해바라기밭에 울려 퍼지고 그제야 작은 해바라기의 존재를 알게 된 키 큰 해바라기들은 기꺼이 길을 내어주는데…. 덕분에 햇볕을 마음껏 쬐고 빗물도 많이 마신 작은 해바라기는 무럭무럭 자라 다른 해바라기들과 함께 행복하게 살아간

작은 생명, 약자를 위한 관심과 배려가
그들을 어떻게 성장하게 하는지,
우리를 어떻게 변화시키는지,
세상을 어떻게 따뜻하게 만드는지,
모두에게 어떤 행복을 가져오는지 알아봅니다.
『파닥파닥 해바라기』와 함께…

♣ 두런두런 표지 이야기

❶ '파닥파닥'은 어떤 때 나는 소리인가요? 제목이 왜 '파닥파닥 해바라기'일까요?

❷ 작은 해바라기는 무엇을 하고 있나요?

❸ 키 큰 해바라기들은 어떻게 살고 있나요?

♣ 책을 읽고 나서

❶ 이 책을 본 느낌이 어때요? 어떤 장면이 가장 기억에 남았나요? 그 이유도 말해 보세요.

❷ 작은 해바라기가 다른 해바라기들처럼 쑥쑥 자라지 못한 이유는 무엇인가요?

❸ 키 큰 해바라기들 틈에서 작은 해바라기는 어떻게 살고 있었나요?

❹ 작은 해바라기의 안타까운 사정을 알게 된 꿀벌은 어떤 조언을 해주었나요?

❹-1 작은 해바라기를 그냥 지나치지 않고 조언을 해준 꿀벌의 행동에 대해 어떻게 생각하나요?

5 꿀벌이 시키는 대로 잎사귀를 파닥파닥 움직이며 하늘을 날려고 애쓴 작은 해바라기를 보면서 어떤 생각이 들었나요?

6 파닥파닥 날갯짓으로 높이 날게 된 작은 해바라기는 모두의 부러움을 샀어요. 그러나 그건 모두 꿈이었지요. 다시 현실을 마주한 작은 해바라기의 심정은 어땠을까요?

6-1 여러분이 작은 해바라기라면 꿈에서 깨어 다시 마주한 슬픈 현실에서 어떻게 했을 것 같나요?

7. 작은 해바라기가 포기하지 않고 더 부지런히, 더 열심히 잎사귀를 움직이자 '파닥파닥' 하는 소리가 해바라기밭에 울려 퍼집니다. 그 소리를 들은 키 큰 해바라기들은 어떻게 했나요?

8. 그동안 키 큰 해바라기들은 왜 작은 해바라기의 존재를 알아차리지 못했을까요?

9. 꿀벌과 나비의 응원, 키 큰 해바라기들의 배려 덕분에 작은 해바라기는 무럭무럭 자랐어요. 모두가 행복한 결말을 본 기분이 어때요?

10. 여러분도 남몰래 슬프고 외롭게 지내는 누군가를 위해 배려를 한 적이 있나요? 만약 있다면 언제, 어떤 상황에서, 누구를 위해, 어떤 배려를 했나요?

언제

어떤 상황에서

누구를 위해

어떤 배려를

⑩-1 그때 했던 배려는 어떤 결과를 가져왔나요?

⑪ 누군가를 향한 관심과 적절한 배려는 우리를, 사회를, 그리고 세상을 어떻게 변화시킬까요?

우리

사회

세상

♣ 후속 활동

꿀벌과 나비, 키 큰 해바라기들의 관심과 배려 덕분에 무럭무럭 자란 해바라기가 해야 할 일이 있어요. 바로 고마움을 표현하는 일이죠. 어떤 말로 고마움을 전하면 좋을까요? 마음이 따뜻해지는 장면을 그리고 색칠해 보세요.

두 번째 여행

돌봄과 사랑의 완성체인 가족

라이언 T. 히긴스 글 · 그림

노은정 옮김 | 토토북 | 2020

까탈스러운 곰과 알에서 갓 태어난 새끼 기러기들의 잘못된 만남이 유쾌하게 펼쳐진다.

독신의 즐거움을 만끽하며 지내던 숲속의 곰 브루스는, 어느 날 예기치 않게 자기 품으로 들어온 새끼 기러기들과 같이 살게 된다. 그들을 떼어내려고 안간힘을 쓸수록 계획과는 달리 브루스는 육아의 달인이 되어 가는데….

종이 다른 곰과 새끼 기러기들이 진정한 가족이 되어 가는 과정을 통해 돌봄과 사랑의 의미를 생각해 보게 한다.

오늘날 가족의 형태는 무척 다양합니다.

어떤 형태의 가족이든 소중하다는 건 변함없는 사실입니다.

그런데 가족 구성원으로 살고 있으면서도

서로 뜻이 맞지 않거나 상처를 주고받을 때는

'가족끼리 이래도 돼?' 하는 의문이 생기지요.

진정한 가족은 어떤 모습일까요?

돌봄과 사랑의 완성체라는 가족,

진정한 가족의 의미를 생각해 봅니다.

『내가 엄마라니!』와 함께…

♣ 두런두런 표지 이야기

1. 곰과 새끼 기러기들이 함께 있습니다. 곰은 못마땅한 듯한 표정입니다. 이들은 어떤 사이일까요? 이들에게 무슨 일이 생긴 걸까요?

2. 이 책의 제목은 '내가 아빠라니!'일까요? '내가 엄마라니!'일까요? 왜 '아빠' 위에 X 표시를 하고 '엄마'로 고쳐 썼을까요?

♣ 책을 읽고 나서

1. 이 책을 본 느낌이 어때요? 가장 재미있는 장면과 가장 감동적인 장면이 있다면요? 그 이유도 말해 보세요.

전체적인 느낌

이유

가장 재미있는 장면

이유

가장 감동적인 장면

이유

❷ 엄마 기러기가 떠나고 얼떨결에 새끼 기러기들을 맡게 된 브루스는 어떤 심정이었을까요?

❷-1 여러분이 브루스라면 그런 상황에서 어떻게 했을 것 같나요?

❸ "난 너희 엄마가 아니야!"라고 소리를 지르는 데도 새끼 기러기들은 브루스를 무조건 믿고 따랐습니다. 그 이유는 무엇일까요?

❹ 독신의 삶에 만족하며 깔끔한 생활 방식을 추구해 온 브루스에게 새끼 기러기들의 등장은 어떤 파장을 일으켰나요?

5 귀찮은 새끼 기러기들을 떼어내기 위해 브루스는 어떤 전략을 사용했나요?

5-1 그러나 브루스가 기대했던 것과는 달리 새끼 기러기들은 오히려 브루스의 돌봄 방식을 환영합니다. 심지어 더 졸졸 따라다니지요. 이야기 앞 부분에 묘사된 브루스의 돌봄 방식에 대해 어떻게 생각하나요?

6 시간이 지나면서 브루스와 새끼 기러기들은 진정한 가족이 되어 갑니다. 새끼 기러기들이 까칠한 청소년기를 지나고 청년 기러기로 성장하는 동안 브루스는 이들을 어떻게 돌보고 어떤 정성을 쏟았나요?

6-1 양육자로서 어떤 고민을 했을까요?

6-2 어떤 기쁨과 보람을 느꼈을까요?

7 새끼 기러기들은 다 자라서도 브루스 곁을 떠나지 않고 함께합니다. 이러한 결말이 주는 의미는 무엇일까요?

8 처음부터 완벽한 부모와 자식 간의 관계, 처음부터 완전한 가족은 없습니다. 일방적인 돌봄도 없고요. 함께 노력하고 연대하며 서로를 돌보면서 가족이라는 공동체가 완성되어 가지요. 브루스와 새끼 기러기들의 이야기를 생각하며 우리 가족의 현재 모습을 진단해 볼까요!

부모님의 돌봄 방식

가족 구성원으로서 나의 역할

우리 가족의 좋은 점

변화를 위해 노력해야 할 점

내가 바라는 우리 가족의 모습

9 브루스와 새끼 기러기들의 만남은 혈연이 아닌, 마음으로 맺어진 가족의 모습을 보여줍니다. 주위에서 또는 TV를 통해 이런 가족을 볼 때 어떤 생각이 드나요?

10 여러분은 가족을 구성하는 요소가 무엇이라고 생각하나요?

11 진정한 가족, 아름다운 가족은 어떤 가족을 말하는 걸까요?

♣ 후속 활동

마지막 장면은 이 책의 2탄을 예고하는 듯합니다. 기러기 한 마리에게 다가온 아기 거북이 "엄마?"하고 부르는 장면에서 끝이 나지요. 여러분은 이 상황에서 기러기가 어떻게 하기를 바라나요? 뒷이야기를 지어 보세요.

세 번째 여행

잊고 있던 존재들에 대한 고마움

믹 잭슨 글 | 존 브로들리 그림
김지은 옮김 | 봄볕 | 2020

하루를 마무리하고 잠자리에 드는 순간만큼 편안하고 행복한 시간이 있을까? 그런데 모두가 곤히 잠든 시간에도 세상은 부지런히 움직인다. 한밤에도 세상을 움직이는 사람들과 자연 속의 동물들이 있기 때문이다.

그래서 우리가 잠든 사이에 펼쳐지는 밤의 풍경은 대낮만큼이나 생기가 넘친다. 24시간 운영하는 식당과 카페, 소방서와 병원, 택배회사와 화물 트럭, 사람뿐만 아니라 동물 그리고 이 모두를 둘러싼 자연도 저마다의 일을 하느라 바쁘다.

참 고마운 존재들이다. 그러나 우리는 이들의 소중함을 잊고 산다. 잠든 사이에 일어나는 일이기에…. 당연하기에 잊고 있던 존재들에 대해 생각해 보게 한다.

모두가 잠든 밤에도 세상은 부지런히 움직입니다.
우리의 삶을 편리하게 해주는
사람들과 기계들, 자연과 동물들이
쉴 새 없이 움직이고 있으니까요.
너무 당연해서 잊고 있던 존재의 소중함과
그들을 향한 고마움을 마음에 새겨 봅니다.
『우리가 잠든 사이에』와 함께…

♣ 두런두런 표지 이야기

1. 세밀화를 감상하듯 앞표지와 뒤표지 그림을 자세히 살펴보세요. 어떤 풍경이 펼쳐져 있나요?

2. '우리가 잠든 사이에' 세상에는 무슨 일이 일어나고 있을까요? 문장을 완성해 보세요.

우리가 잠든 사이에

우리가 잠든 사이에

우리가 잠든 사이에

우리가 잠든 사이에

♣ 책을 읽고 나서

1. 이 책을 본 느낌이 어때요? 가장 인상적이거나 마음에 와닿은 장면이 있다면요? 그 이유도 말해 보세요.

2. 아이가 침대에서 책을 읽다가 잠이 듭니다. 아이가 펼친 책과 같은 장면이 책 속에 있어요. 어디에 있는지 찾아보세요. 이 장면은 무엇을 의미할까요?

3. 이 책은 한밤중에도 쉴 새 없이 움직이는 수많은 사람들과 기계, 동물들, 자연을 이야기합니다. 무엇 무엇이 있었는지 떠올려 볼까요.

	화물 트럭	
빵을 만드는 사람들		

4 엄마와 아빠도 모두가 잠든 밤에 열심히 일을 하는 사람입니다. 무슨 일을 하나요?

4-1 이 장면에서 어떤 생각이 스쳐갔나요?

5 한밤중 잠에서 깨어 다시 잠들지 못할 때 지금 열심히 일하고 있는 사람들을 떠올려 본 적이 있나요? 있다면 그때 든 생각을 써 보세요.

6 이 책의 대부분 장면에는 남녀가 함께, 동등하게 일하는 모습이 그려져 있습니다. 또 다양한 인종을 볼 수 있는데요. 이렇게 그린 작가의 의도는 무엇일까요?

7 이 책을 보고 나서 새롭게 알게 된 사실이나 깨달은 점이 있다면요?

8 우리가 잠든 사이에 의미 있는 일을 하는 또 다른 사람들. 쉴 새 없이 움직임으로써 우리의 삶을 편리하게 해주는 또 다른 것들을 생각해 보세요.

♣ 후속 활동

한밤중 혼자 깨어 있을 때 집안의 모습이나 창밖으로 바라본 풍경을 사진으로 찍고 그에 어울리는 디카시를 써보세요.

☞ 알아 두기

자연이나 사물에서 디지털카메라로 시적 형상을 포착하여 찍은 영상과 함께 문자로 표현한 시를 '디카시'라고 해요. 실시간으로 소통하는 디지털 시대의 새로운 문학 장르로, 시의 범주를 확장하여 영상과 문자를 하나의 텍스트로 결합한 멀티 언어 예술이랍니다.

네 번째 여행

조화로운 삶에 필요한 거리

전소영 글 · 그림

달그림 | 2019

조화로운 인간관계를 유지하는 데 꼭 필요한 것은 가까움과 멀어짐 사이의 균형을 맞추는 일이다. 식물과 나 사이는 물론이고 직장 동료 사이에도, 친구 사이에도, 가족 사이에도 서로의 방식을 존중할 만큼의 거리가 필요하다.

작가는 식물을 돌보는 경험을 통해 이러한 관계의 간격을 이야기한다. 누군가를 힘들게 하지도, 나 자신이 상처받지도 않을 정도의 '적절한 거리'를 어떻게 지킬 수 있는지를 다정한 어조로 풀어낸다.

무엇이든 적당한 게 좋다고 하지요.
넘치거나 모자라면 반드시 부작용이 생기니까요.
특히 우리네 인간관계는
적당한 거리를 유지할 때 오래 갑니다.
그런데 적당한 거리는 사람마다 기준이 달라서
가늠이 어렵고 지키는 건 더 힘듭니다.
조화로운 삶을 유지하게 하는 적당한 거리를 생각해 봅니다.
『적당한 거리』와 함께…

♣ 두런두런 표지 이야기

1. 표지 그림에 무엇이 보이나요? 무엇을 표현한 것 같나요?

2. 적당한 거리는 인간관계에서 주로 적용하는 말인데 왜 식물과 사람 사이에 들어가 있을까요?

3. '적당하다'의 정확한 뜻을 알고 있나요? 국어사전에서 찾아보세요.

♣ 책을 읽고 나서

1. 이 책을 본 느낌이 어때요? 가장 인상적인 장면이 있다면요? 그 이유도 말해 보세요.

2. 이 책은 "네 화분들은 어쩜 그리 싱그러워?"라는 질문으로 시작합니다. 지은이는 어떻게 대답했나요?

3. 지은이는 식물들도 성격이 모두 다르다고 했어요. 어떻게 다른가요?

4 지은이는 사랑의 시작에 대해 이렇게 말했어요. 빈칸에 들어갈 단어를 써보세요.

그렇게 모두 □□을 알아가고 그에 맞는 □□을 주는 것.

그렇듯 너와 내가 □□ □□을 받아들이는 것.

5 관심이 지나쳐 물이 넘치거나 마음이 멀어지면 식물은 어떻게 된다고 했나요?

6 지은이가 알려 준 식물을 잘 키우는 방법은 무엇인가요?

7 지은이는 '안다는 것'에 대해 말했어요. 다시 책을 펼쳐서 그 부분을 읽어보세요. 어떻게 적혀 있나요?

8 지은이는 한 발자국 물러서 보면 돌봐야 할 때와 내버려 둬야 할 때를 조금은 알게 될 거라는 말을 했습니다. 이 말에 대해 어떻게 생각하나요?

8 -1 그런데 돌봐야 할 때와 내버려 둬야 할 때를 어떻게 알아차릴 수 있을까요? 알아차렸다고 해도 이렇게 하는 게 말처럼 쉬울까요?

9 이 책의 모든 메시지는 마지막 페이지를 향합니다. '적당한 햇빛, 적당한 흙, 적당한 물, 적당한 거리가 필요해. 우리네 사이처럼'으로 끝을 맺지요. 이 부분에서 새롭게 알게 된 사실이나 깨달은 점이 있다면요?

⑩ 여러분은 친구 사이에서, 선생님과의 사이에서, 가족 사이에서 넘치거나 모자라게 행동해서 오해를 사거나 일을 그르친 적이 있나요? 그때 상황을 자세히 말해 보세요.

⑩-1 그 일을 겪고 나서 반성하거나 다짐한 게 있다면요?

⑪ '우리 함께하는 삶'을 강조하지만 가깝다고 해서 무조건 좋은 건 아닙니다. 서로가 심리적인 거리, 물리적인 거리를 지킬 때 '우리' 사이가 더욱 오래 가니까요. 조화로운 인간관계 유지에 필요한 적당한 거리는 얼마일까요?

♣ 후속 활동

적당한 거리를 유지하고 싶은 대상이 있나요? 만약 있다면 표지 그림처럼 나와 그 대상의 간격을 유지하여 그려 보세요.

다섯 번째 여행

손에 손을 잡아요

유타 바우어 글 · 그림

유혜자 옮김 | 북극곰 | 2012

유명한 동요 '숲 속 작은 집 창가에'를 모티브로 만든 그림책이다. 숲 속 작은 집에 노루 한 마리가 살고 있다. 평화로운 이 집에는 계절마다 동물들이 찾아와 문을 두드린다. 토끼·여우 그리고 사냥꾼과 사냥개까지.

목숨을 지키기 위해 달려온 동물들에게 기꺼이 문을 열어 손을 잡아준 노루 덕분에 모든 생명이 안전해지고 같은 공간에서 행복하게 산다. 자연 속에서 동식물과 사람이 서로 의지하고 조화를 이루며 살아가야 한다는 사실을 일깨운다.

사람들은 어떤 때 손을 잡을까요?
주로 좋아하는 사람끼리 손을 잡지만
이해하고 용서하고 화해할 때,
마음이 통할 때도 손을 잡습니다.
약자와 강자, 이해관계가 서로 다른 이들이
손을 잡으면 어떤 일이 생길까요?
손에 손을 잡는 행위의 의미를 생각해 봅니다.
『숲 속 작은 집 창가에』와 함께…

♣ 두런두런 표지 이야기

1. 표지 그림에 무엇이 보이나요? 숲 속의 풍경은 어떤 계절인가요?

2. 이 책은 여러분이 유치원 다닐 때 자주 불렀던 동요 '숲 속 작은 집 창가에'를 모티브로 한 그림책입니다. 유년기로 돌아가 이 노래를 불러보세요.

3. 이 동요가 오랫동안 많은 이들로부터 사랑받는 이유는 뭘까요?

♣ 책을 읽고 나서

❶ 이 책을 본 느낌이 어때요? 가장 인상적인 장면이 있다면요? 그 이유도 말해 보세요.

❷ 노루가 살고 있는 집에 숲 속 동물들이 찾아와 문을 두드렸습니다. 누가, 무슨 이유로 찾아왔나요?

❸ 문을 두드리는 동물들에게 노루는 어떻게 했나요?

❹ 노루가 여우에게 문을 열어주려고 하자 토끼는 숨어서 두려움에 떨었어요. 그 이유는 무엇인가요?

4-1 여우가 집에 들어오고 나서 토끼에게는 아무런 일도 일어나지 않았어요. 둘은 손을 잡고 무엇을 했나요?

5 노루가 배고픈 사냥꾼에게 문을 열어주려고 하자 토끼와 여우는 두려움에 떨었어요. 그 이유는 무엇인가요?

6 노루는 토끼와 여우를 쫓던 사냥꾼에게도 문을 열어주었습니다. 왜 그랬을까요?

6-1 만약 여러분이 노루라면 사냥꾼에게 어떻게 했을 것 같나요?

7 사냥꾼과 사냥개가 집에 들어오고 나서 토끼와 여우에게는 아무런 일도 일어나지 않았어요. 넷은 노루의 집에서 무엇을 함께 했나요?

8 동물들이 노루의 집에 같이 살게 되면서 그들에게 어떤 변화가 있었나요? 옷, 음식, 공간, 놀이를 중심으로 살펴보세요.

옷

음식

공간

놀이

9 노루는 도움을 청하는 동물들과 사냥꾼을 집 안으로 들이고는 서로의 손을 꼭 잡게 합니다. 손을 잡는다는 건 어떤 의미일까요?

10 이 책에서 가장 무섭고 힘이 센 사람은 총을 든 사냥꾼인데 왜 노루가 모두를 도와주는 동물로 표현된 걸까요?

11 처음부터 끝까지 다시 책을 펼쳐 보세요. 이 책은 사계절 동안 일어난 일을 그립니다. 토끼와 여우, 사냥꾼이 같은 공간에서 손에 손을 잡기까지 1년이 걸린 셈이죠. 여러분은 다른 이에게 마음을 열고 손을 잡기까지 얼마의 시간이 필요한가요?

♣ 후속 활동

두 사람 또는 여러 사람이 다정하게 손잡고 있는 모습을 그려 보세요.

여섯 번째 여행

불가능한 일도 가능하게 하는 우정

성동혁 글 | 다안 그림

봄볕 | 2025

시인 성동혁의 자전적 이야기를 담은 시 '나 너희 옆집 살아'와 그의 에세이 '함께, 오를 수 있는 만큼'을 함께 담은 그림책이다. 태어나면서부터 아픈 몸으로 살아야 했던 시인의 여정과 친구들의 우정, 희망을 잃지 않는 씩씩한 삶을 그렸다.

오래전 한 번도 산에 올라가 보지 못했다는 이야기를 들은 친구들은 그 말을 기억하고, 세월이 흐른 후 함께 산에 오를 준비를 한다. 번갈아 가며 지게로 업고 산소통을 들고, 앞장서서 길을 점검하며 '함께 오를 수 있는 만큼' 오른다. 서로에게 서로의 옆집이 되어 주는 관계의 따스함, 참된 우정의 의미를 생각해 보게 하는 글과 그림이 독자들에게 깊은 울림을 준다.

'우리'라는 단어를 생각하면
'우정'이라는 두 글자가 겹쳐 떠오릅니다.
오랜 세월 함께해 온 우정은
불가능한 일을 가능하게 하지요.
참된 우정은 어떤 기적을 만들어 낼까요?
마음씨 곱고 성실한 친구들과 손잡고 걷는 삶을 통해
우리가 함께 만들어 낸 기적을 만나 봅니다.
『나 너희 옆집 살아』와 함께…

♣ 두런두런 표지 이야기

1 '나 너희 옆집 살아'라는 제목과 아래에 펼쳐진 풍경의 결합이 선뜻 이해되지 않습니다. 이 책은 어떤 얘기를 담고 있을까요?

2 표지 그림과 조용히 대화하는 느낌으로 감상해 보세요. 무엇이 보이나요?

2 -1 앞표지와 뒤표지를 쫙 펼쳐서 보면 한 폭의 풍경화처럼 아름답습니다. 그런데 그림을 자세히 보면 큰 감동이 숨어 있습니다. 푸른 하늘과 초록이 싱그러운 그림 속에 숨은 아름다움을 찾아보세요.

♣ 책을 읽고 나서

1 이 책을 본 느낌이 어때요? 가장 기억에 남는 장면이 있다면요? 그 이유도 말해 보세요.

1-1 마음에 들거나 오래도록 기억하고 싶은 문장이 있다면 그 부분을 다시 읽고 아래에 옮겨 써 보세요.

2 책을 펼쳐 마주한 면지에는 어두운 초록색과, 집 안에 갇힌 작은 새 한 마리가 있습니다. 그림을 본 순간 어떤 생각이 들었나요?

❷-1 "태어나면서부터였어요. 희귀 난치 질환을 지니고 살게 된 거요. 하고 싶은 게 많았지만 할 수 없는 것 투성이였어요." 그림책의 첫 문장이라고 하기에는 아프고 무겁습니다. 이 부분을 읽었을 때 마음이 어땠나요? 이 책이 어떤 분위기의 책일 거라고 생각했나요?

❸ 그런데 한 페이지를 넘겼더니 분위기의 반전이 펼쳐집니다. 그러나 부족한 나를 넘칠 정도로 채워 주는 친구들이 곁에 있어서 행운이었다고 말합니다. 화자는 왜 스스로를 부족하다고 했을까요?

❸-1 친구들은 화자를 어떻게 넘칠 정도로 채워 주었나요?

4. 화자는 오래전, 친구에게 무슨 말을 했나요?

5. 친구들은 화자가 서글픈 독백처럼 한 말을 흘려듣지 않고 더 오래 간직하고 있었다고 해요. 화자를 향한 친구들의 마음은 무엇이었을까요?

6. 시간이 지나 의료인이 된 친구가 화자에게 "우리 산을 오르자"라고 말합니다. 이 말에 화자는 어떤 감정을 느꼈을까요?

6-1 그리고 다른 친구들은 산을 함께 오르기 위해 어떤 준비를 했나요?

7 함께 산을 오르면서 이들은 서로를 어떻게 도왔나요?

8 친구를 지게에 업고 한 걸음씩 천천히 산을 오르는 장면에서 어떤 생각이 들었나요?

9 산을 오르기 전 우리가 세운 목표는 정상이 아니었다고 말합니다. 우리가 생각한 정상은 어디였나요?

⑩ 화자의 방에는 산에서 찍은 사진이 걸렸습니다. 친구와 함께한 사진도요. 사다리를 타고 올라가 바깥세상을 바라보던 전반부의 그림과는 사뭇 달라진 풍경이지요. 이 장면에서 화자는 여전히 많은 불가능 속에서 살고 있지만 행운처럼 친구들을 만나 많은 풍경을 보았다고 말합니다. 여전히 많은 불가능은 무엇이며, 친구들을 만나 보게 된 것은 무엇인가요?

⑪ 화자가 오랜 병원 생활에도 희망을 잃지 않고 지금까지 숨을 쉴 수 있는 힘은 무엇인가요?

⑫ 아무리 끈끈한 우정이라 해도 직업을 갖고 각자의 가정을 꾸리고 각자의 호칭에 걸맞은 삶을 살다 보면 예전만큼 자주 만나지 못하는 게 현실이에요. 그러다 보면 서운한 마음이 생길 수도 있고 멀어지기도 하죠. 그런데도 화자와 친구들의 우정은 그대로예요. 친구들이 자신의 위치를 어떻게 고백했기 때문인가요?

13 이제 화자는 친구들에게 먼저 이야기하려고 합니다. '손을 뻗으면 닿는 곳에 내가 있고 나 또한 너희 옆집에 산다고.' 이 말은 독자들에게 어떤 울림을 줄까요?

14 참된 우정이란 나의 옆집에 너희가 살고, 너희 옆집에 내가 산다는 것을 고백하는 일인지도 모릅니다. 마음을 나누는 벗들과 이런 고백을 주고받은 적이 있나요?

♣ 후속 활동

이 책은 시인 성동혁의 자전적 이야기를 담은 시 '나 너희 옆집 살아'와 그의 에세이 '함께, 오를 수 있는 만큼'을 함께 담은 작품임을 책 소개에서 이미 밝혔습니다. 먼저 책 뒤에 있는 '나 너희 옆집 살아'를 눈으로, 마음으로 읽어보세요. '함께, 오를 수 있는 만큼'은 그의 산문집 『뉘앙스』에 수록되어 있습니다. 두 작품을 읽고 내용을 요약한 후 소감을 적어보세요.

나 너희 옆집 살아

내용

소감

함께 오를 수 있는 만큼

내용

소감

일곱 번째 여행

'우리'의 의미를 잊지 말아요!

몽세프 두이브 글 | 메 앙젤리 그림
성미경 옮김 | 분홍고래 | 2014

아랍에서 전해오는 우화를 모티브로 한 그림책이다. 동물들을 통해 인간의 본성과 인간 세계의 부조리한 행위를 풍자한다.

함께라면 무엇도 두려울 게 없는 세 마리 물소가 여행길에서 마음에 쏙 드는 초원을 발견하고는 거기에 머무른다. 가장 안락해 보인다고 생각한 장소가 실상은 가장 위험한 곳이라는 사실을 깨닫게 되기까지 물소들은 차례로 친구를 잃고, 마지막 남은 물소마저 사자의 먹잇감이 되고 만다.

교활한 사자의 꾐에 넘어가 차례로 목숨을 잃은 세 마리 물소의 어리석음은 영원히 함께하자던 '우리'의 약속을 저버릴 때 벌어지는 결과를 냉혹하게 보여 준다.

서로를 믿고 함께 가는 삶의 아름다움을 잘 알면서도
사람들은 자신의 이익과 두려움 앞에서
'우리'를 저버리고 '나'를 먼저 선택합니다.
어쩔 수 없었다는 자기 합리화와 변명은
우리를 갈라지게 하는 원인이 되지요.
서로를 향한 믿음을 저버리면 어떤 일이 생길까요?
그리고 우리를 지키는 방법에 대해 알아봅니다.
『사자와 세 마리 물소』와 함께…

♣ 두런두런 표지 이야기

❶ 책 제목이 '사자와 세 마리 물소'입니다. 그런데 표지에는 사자밖에 없습니다. 물소들은 어디에 있을까요?

❷ 면지 그림을 보면 사자 한 마리가 물소 세 마리의 뒤를 따라가고 있습니다. 어떤 상황처럼 보이나요?

♣ 책을 읽고 나서

❶ 이 책을 본 느낌이 어때요? 가장 기억에 남는 장면이 있다면요? 그 이유도 말해 보세요.

2 물소들이 처음 여행길에 나섰을 때 힘을 모아 자칼 무리를 물리치고는 어떤 약속을 했나요?

2-1 이들이 한 약속에 대해 어떻게 생각하나요?

3 여러분이 검은 물소라면 사자가 질투심을 유발하는 말을 했을 때 어떻게 했을 것 같나요?

4 마지막으로 자신이 잡아먹힐 차례가 되자 검은 물소는 사자에게 순순히 자신의 목숨을 내어 주었습니다. 이런 검은 물소의 행동에 대해 어떻게 생각하나요?

5 흰 물소, 노란 물소, 검은 물소는 모두 허망한 죽음을 맞이했습니다. 이들이 사자에게 잡아먹힌 이유는 무엇인가요?

6 물소들이 처음 여행을 시작할 때 영원히 함께하자던 약속을 지키며 오래도록 행복하게 살 수 있는 방법은 없었을까요?

7 사자와 세 마리 물소 이야기는 인간 세상에서도 일어나는 일입니다. 이들을 사람에 비유한다면 어떤 유형일까요?

사자	하얀 물소
검은 물소	노란 물소

8 만약 사자처럼 교활하고 자신의 이익을 위해 수단과 방법을 가리지 않는 사람을 만나면 어떻게 대처할 건가요?

9 사람들은 왜 우리가 한 약속을 저버리고 타인과 자신을 곤경에 빠트릴까요?

10 여러분은 '우리'라는 단어를 자주 사용하나요? 어떤 때 주로 사용하나요? 이 단어를 들을 때마다 어떤 생각이 드나요?

11 이 책이 주는 여운이 오래 가는 이유는 결말이 허망하면서도 강렬하기 때문입니다. 우화의 특성을 고려할 때 최고의 결말일 수도 있지만 마음에 들지 않는다면 원하는 대로 고쳐 써보세요.

11-1 결말을 고쳐 써도 흰 물소와 노란 물소는 살아 돌아오지 못합니다. 사자가 있는 초원에서 지내기로 한 장면에서부터 이야기 전체를 바꿔 써보세요.

세상

따뜻하고 아름다운 세상을 위하여

첫 번째 여행

주위를 이롭게 하는 생각과 행동

박밀 글 · 그림 | 북극곰 | 2024

완벽을 추구하는 그렁이는 소리내어 웃지는 않지만 함께 있으면 들썩거리는 엉뚱하고 유쾌한 친구다. 완벽한 계획과 완벽한 하루에 딱 맞는 집에서 살며 완벽한 하루를 위해 매일 아침 완벽한 계획을 세운다.

그러나 집을 나선 그렁이에게 완벽한 계획과는 달리 예상치 못한 일들이 벌어지고, 그렁이는 특유의 긍정 마인드로 상황에 대처한다. 그리고 그렁이의 실수는 타인을 이롭게 하는 결과로 이어진다.

아침이 밝자 그렁이는 변함없이 오늘의 계획을 세우지만, 완벽 대신 행복을 위한 계획으로 바꾼다. 오늘의 계획은 또 누구를 행복하게 할까? 독자들의 궁금증을 불러일으킨다.

사람들은 완벽을 추구하며,
저마다 다른 완벽의 기준을 가지고 살아갑니다.
결함이 없이 완전한 것을 완벽이라고 하지요.
그렇다면 완벽한 하루는 어떤 날일까요?
주위를 이롭게 하는 생각과 행동으로 보내는
하루를 만나 봅니다.
『완벽한 하루』와 함께…

♣ 두런두런 표지 이야기

❶ 제목이 '완벽한 하루'입니다. 어떤 이야기가 펼쳐질지 유추해 보세요.

❷ 여러분이 생각하는 완벽한 하루는 어떤 날인가요?

❷-1 지금까지 완벽하게 보냈다고 여겨지는 하루가 있었나요? 그날을 어떻게 보냈나요?

♣ 책을 읽고 나서

❶ 이 책을 본 느낌이 어때요? 가장 기억에 남는 장면이 있다면요? 그 이유도 말해 보세요.

❷ 그렁이는 매일 아침 무엇을 했나요?

❸ 그렁이가 세운 오늘의 계획은 날씨 확인, 버스 타고 세 정거장 이동, 생일 케이크 사기, 돌아올 때 떡볶이 사기입니다. 완벽한 하루를 위한 계획처럼 보이나요?

❹ 친구의 생일 파티에 가기 위해 시간에 맞춰 집을 나섰지만 버스를 놓친 그렁이는 어떻게 했나요?

❺ 빵집에 도착했을 때 케이크가 다 팔리고 없자 그렁이는 어떻게 했나요?

❻ 그렁이는 계획에 없던 선물이지만 친구가 기뻐할 모습을 상상하며 발걸음을 재촉합니다. 그렁이의 발걸음과 표정이 어때 보이나요?

7. 친구들과 즐거운 시간을 보낸 그렁이는 집으로 돌아가면서 '이제 떡볶이만 사 가면 오늘 할 일은 끝'이라고 생각합니다. 그런데 오늘은 떡볶이 가게가 쉬는 날입니다. 허탕을 치고 집에 도착한 그렁이는 문 앞에서 무엇을 발견했나요?

8. 그렁이는 창문에 방울이 부딪히는 걸 보고 버스에 두고 내린 우산이 떠올랐어요. 그렁이는 어떤 생각을 했나요?

9. 계획대로 된 일이 하나도 없는데도 그렁이는 몸도 마음도 편안함을 느낍니다. 그 이유는 무엇일까요?

10 아침이 밝자 그렁이는 오늘도 완벽한 계획을 세웁니다. 그러나 계획표에서 달라진 점이 있습니다. 무엇이 달라졌나요?

11 그렁이는 계획형 인간이지만 그의 하루는 실수투성이입니다. 일이 뜻대로 되지 않는 데도 자책하거나 짜증내지 않고 특유의 긍정 마인드로 대처하지요. 그런 그렁이의 생각과 행동은 주위에 어떤 이로움을 주었나요?

12 만약 여러분이 그렁이처럼 버스를 놓치고, 친구의 생일 축하 케이크를 사지 못하고, 떡볶이 가게가 정기 휴일인지도 모르고 찾아갔다가 헛걸음하고, 버스에 우산을 두고 내렸다면 그 상황에서 어떻게 했을 것 같나요?

버스를 놓쳤을 때

친구의 생일 케이크를 사지 못했을 때

떡볶이를 사러 갔는데 정기 휴일일 때

버스에 우산을 두고 내렸을 때

⑬ 완벽을 추구하지만 완벽과는 전혀 거리가 먼 그렁이가 행복한 이유는 무엇일까요?

⑭ 여러분 주위에 그렁이를 닮은 친구가 있나요? 함께 있으면 들썩거리게 되는 엉뚱하고 유쾌한 친구, 이로운 친구 말이지요. 그 친구랑 함께 있으면 어떤 기분을 느끼나요?

⑭-1 여러분은 그렁이처럼 주위를 즐겁게 하거나 이로움을 주는 사람인가요?

♣ 후속 활동

완벽한 하루를 위한 계획을 세워보세요. 단, 주위 사람들을 즐겁고 이롭게 하는 계획이 포함되어야 합니다.

두 번째 여행

자연의 리듬에 귀 기울이면

정승 글 · 그림 | 사계설 | 2025

나를 둘러싼 자연을 당연하게 여기지 않고 사소한 변화를 포착하는, 아이의 고운 심성을 담았다. 여름을 누리는 기쁨과 자연을 살피는 태도를 기발한 '모래성 쌓기 공식'으로 보여준다.

별 모양의 모래알이 수놓인 해변에서 노란 밀짚모자를 쓴 아이는 어떤 성을 지을지 곰곰이 그려 본다. 모래성을 쌓는 데 필요한 건 사실 이미 곁에 있다.

자연의 리듬에 귀 기울이며 시간을 존중하는 아이의 마음과 그 마음을 읽고 함께 놀이에 발맞추는 할아버지의 다정함이 햇빛에 반짝이는 모래알처럼 빛난다.

우리를 둘러싼 세상,
이 세상을 움직이는 자연의 섭리를
사람들은 당연하게 여기며 살아갑니다.
한여름 바닷가에서 모래성 쌓기를 하는 데도
자연의 섭리에 기대야 한다는 사실을 알고 나면
자연을 잘 살펴야겠다는 생각이 듭니다.
건강한 자연 속에서 아름다운 세상을
만드는 공식을 찾아봅니다.
『모래성 쌓기 공식』과 함께…

♣ 두런두런 표지 이야기

❶ 앞표지 그림을 살펴보세요. 무엇이 보이나요? 발견한 것을 모두 말해 보세요.

❷ 아이가 앉아 수박을 먹고 있는 모래성은 무엇으로 만들어졌나요?

❸ 모래성에 왜 파리채가 꽂혀 있을까요? 누가 두고 갔을까요?

❹ 뒤표지 그림을 살펴보세요. 무엇이 보이나요?

5 책을 쫙 펼쳐서 앞표지와 뒤표지 그림을 한 폭의 풍경화처럼 감상해 보세요. 앞표지와 뒤표지를 따로 볼 때와 느낌의 차이가 있나요? 새롭게 발견한 것이 있다면요?

6 자, 이제 책 제목에 눈을 돌려 보세요. '모래성 쌓기 공식'이에요. 제목과 표지 그림이 잘 어울린다고 생각하나요? 모래성을 쌓는 데는 어떤 재료가 필요한가요?

6-1 그런데 이 책은 모래성 쌓기에도 공식이 있다고 말하는 것 같아요. 어떤 공식일까요?

♣ 책을 읽고 나서

❶ 이 책을 읽은 느낌이 어때요? 재미있는 장면, 감동적인 장면, 아름다운 장면을 구분해서 말해 보세요.

전체적인 느낌
재미있는 장면
감동적인 장면
아름다운 장면

❷ 이 책의 이야기는 말 잇기 놀이처럼 펼쳐집니다. 내용을 떠올리며 문장을 완성해 보세요.

모래성을 쌓으려면
바다에 가려면
여름이 되려면
개구리가 힘껏 울려면
개구리가 배부르게 먹으려면

❸ 마지막 페이지에 있는 나만의 모래성 쌓기 공식을 옮겨 적어보세요.

4. 이 책에 나오는 주인공은 어떤 어린이인 것 같나요? 아이의 행동을 자세히 분석해 보세요.

5. 아이의 여름나기에 함께하는 할아버지는 어떤 어른인 것 같나요? 할아버지의 행동을 자세히 분석해 보세요.

6. 아이가 공식을 완성하는 과정을 가만히 보면 자연을 소중한 친구로 여기며 재미있게 논다는 사실을 알 수 있습니다. 모래성을 쌓기까지, 바다도 가고, 산도 가고, 개미도 관찰하면서요. 여러분도 이 아이처럼 자연 속에서 재밌게 노는 법을 알고 있나요? 자연과 함께 무엇을 하면서 놀아 보았나요?

7. 자연의 섭리가 위대하다고 생각해 본 적이 있나요? 있다면 언제, 어떤 계기로 그런 생각을 하게 되었나요?

8. 지은이는 독자들에게 무슨 말을 하고 싶어서 '모래성 쌓기 공식'을 쓰고 그렸을까요?

9. 책 뒤쪽(면지)에 있는 지은이 소개 글을 천천히 읽어 보세요. 정승 님은 집으로 가는 길이 산으로 나 있어 오며 가며 이야깃거리를 주워 양동이에 모아 통통 털어 보니 나만의 모래성이 쌓였다고 합니다. 지은이가 쌓은 나만의 모래성은 무엇일까요?

♣ 후속 활동

1 책에 나온 '모래성 쌓기 공식'처럼 자연의 섭리를 담은 또 다른 공식을 만들어 보세요.

1-1 앞에서 만든 공식을 다른 사람이 이해할 수 있도록 수학자나 과학자, 화학자처럼 풀이해 보세요.

세 번째 여행

지구가 하는 일을 방해하지 않기

김용택 시 | 연수 그림

바우솔 | 2021

지구, 즉 자연이 스스로 해내는 놀라운 일들과 생명 탄생의 경이로움을 아름다운 그림으로 담아낸 시 그림책이다. 하나로 연결된 자연의 순환과 섭리를 담백하게 전하며 인간과 자연, 생명과 생명의 공감과 연대를 자연스럽게 일깨운다. 여기에 한국 전통화 '일월오봉도'를 모티브로 한 연수 작가의 독창적 그림이 더 큰 감동과 울림을 더한다.

지구가 해내는 일들을 하나씩 헤아리다 보면, 감탄과 더불어 절로 자연을 향한 고마운 마음이 저절로 생긴다. 나아가 우리 역시 자연의 일부로 여러 생명과 더불어 살아가야 하는 존재임을 깨닫게 된다.

모든 생명체를 차별 없이 품는 지구는
계절마다 주어진 일을 묵묵히 해냅니다.
그런데 자연의 일부로 살아가는 인간이
자꾸만 지구의 일을 방해하고 파괴하려 듭니다.
따뜻하고 아름다운 세상을 위하여,
소중한 지구와 그 속에서 살아가는
생명체들을 지키기 위해
무엇을 해야 할지 생각해 봅니다.
『지구의 일』과 함께…

♣ 두런두런 표지 이야기

❶ 앞표지와 뒤표지를 각각 보고, 책을 쫙 펼쳐 한 폭의 그림처럼 감상해 보세요. 무엇이 보이나요? 발견한 것을 모두 써보세요.

❷ 책 제목이 '지구의 일'입니다. 무슨 의미를 담고 있을까요?

❸ 이 책에 어떤 내용을 담겨 있을지 유추해 보세요.

♣ 책을 읽고 나서

1. 이 책을 본 느낌이 어때요? 가장 인상적인 장면이 있다면요? 그 이유도 말해 보세요.

2. 이 책은 지구가 하는 수많은 일을 아름다운 그림과 함께 조용히 펼쳐 보입니다. 지구가 어떤 일을 하고 있는지 하나씩 떠올려 보세요.

3. 지은이는 해와 바람과 물과 세상의 도움으로 노랗게 익은 살구의 순환이 가만히 생각해 보면 얼마나 신기한 일이냐고 묻습니다. 여러분의 생각은 어떤가요?

4. 지은이는 작은 새들이 집을 짓고 알을 낳고 최선을 다해 살아가는 모습 또한 가만히 생각해 보면 얼마나 기쁜 일이냐고 묻습니다. 여러분의 생각은 어떤가요?

5. 모두 다 지구의 일이고 지구의 일이 우리의 일이라고 합니다. 그런데 지금 사람들은 어떻게 하고 있나요?

6. 책 초반부의 아름다운 지구가 마지막 페이지에서는 회색빛으로 변해버렸습니다. 왜 이렇게 된 걸까요?

7. 지은이는 어떤 일이 있어도 사람이 지구의 일을 방해하면 안 된다고 힘주어 말합니다. 계속 지구의 일을 방해한다면 지구의 미래는 어떻게 될까요?

8 지구의 건강, 자연의 아름다운 순환이 지속되려면 우리가 무엇을 해야 할까요? 개인, 가족, 대한민국, 세계가 해야 할 일로 나누어 적어보세요.

개인(나)

가족(공동체)

국가(대한민국)

세계(지구촌)

♣ 후속 활동

이 책은 김용택 시인이 쓴 시와 연수 작가의 아름다운 그림이 어우러진 시 그림책입니다. 그래서 모든 페이지가 한 폭의 시화 같습니다 '지구의 일'을 주제로 시를 쓰고 그림을 그려 보세요.

네 번째 여행

모든 생명은 똑같이 소중해

조원희 글 · 그림

시공주니어 | 2018

한 아이가 길을 건너고 있다. 그때 울리는 '콰앙' 소리. 잠시 후 고양이 한 마리가 길을 건넌다. 연달아 '콰앙' 소리가 울려 퍼진다. 아이와 고양이는 어떻게 됐을까? 사람들은 어느 쪽으로 달려갔을까? 어떻게 두 생명을 대했을까?

이 책은 우리에게 모든 생명을 차별 없이 대하고 있는지를 묻는다. 다친 고양이를 그냥 지나치는 사람들과는 달리 한 아이만이 고양이를 걱정한다. 만약 내가 그 옆을 지나가고 있었더라면 어떻게 했을까? 독자들을 생각에 잠기게 한다.

실천주의 윤리학자이자 철학자인 피터 싱어는
그의 책 『동물 해방』에서
동물도 인간과 같은 고통을 느끼므로
인간과 동등한 생명체라고 주장했습니다.
그 후 50여 년이 지났습니다.
과연 오늘날 우리는 동물을 인간과
동등한 생명체로 여기고 있을까요?
생각하고 반성하는 시간을 가져봅니다.
『콰앙!』과 함께…

♣ 두런두런 표지 이야기

❶ '콰앙!'이라는 제목과 길을 건너는 여자아이 그림이 앞표지에 있습니다. 무슨 일이 벌어지려는 걸까요?

❷ 뒤표지를 보세요. 동물들이 길을 건너는 모습이 그려져 있고 '같은 소리, 다른 시선 우리가 보았으나 외면한 바로 그 순간'이라는 글이 적혀 있습니다. 이 문구가 담고 있는 의미를 유추해 보세요.

개인(나)

다른 시선

우리가 외면한 바로 그 순간

❸ 앞표지와 뒤표지 모두를 모두 보았습니다. 작가는 이 책에서 무엇을 말하려는 걸까요?

♣ 책을 읽고 나서

❶ 이 책을 본 느낌이 어때요? 어떤 장면이 가장 기억에 남았나요? 그 이유도 말해 보세요.

❷ 도로에서 소녀와 고양이가 연달아 사고를 당했습니다. 하지만 사고에 대처하는 모습과 사고를 바라보는 사람들의 태도가 몹시 다릅니다. 어떻게 다른가요?

❷-1 이 장면을 보면서 어떤 생각이 들었나요?

3. 작가는 길 가는 사람들을 파란색으로 그려 놓았습니다. 왜 파란색으로 표현했을까요? 소녀와 고양이가 당한 사고를 바라보는 두 장면을 비교하면서 생각해 보세요.

4. 고양이의 사고를 본 아이는 엄마에게 구급차는 언제 오는지 묻습니다. 여러분이 엄마라면 아이의 질문에 뭐라고 대답했을 것 같나요?

5. 모든 생명은 똑같이 소중하다고 배웠습니다. 그런데 정말 그렇게 생각하나요? 여러분은 모든 생명을 똑같이 대하고 있나요?

5-1 생명을 차별한 경험이 있나요? 언제, 어떤 상황에서 생명을 차별했나요?

5-2 다른 사람들이 생명을 차별하는 모습을 본 적이 있나요? 그때 어떤 생각이 들었나요?

6 '동물권'이란 동물에게 주어지는 기본적인 권리를 의미합니다. 동물 역시 사람처럼 생명권을 가지며 학대 또는 고통받지 않을 권리 등이 있다는 뜻인데요. '동물권'에 대해 더 많은 것을 알고 싶다면 인터넷에서 찾아보고 알아두어야 할 정보를 아래에 써보세요.

7 동물권에 대한 관심이 높아지면서 이를 주제로 한 책들이 꾸준히 나오고 있습니다. 그중에서 친구들과 함께 읽고 싶은 책, 주위에 추천하고 싶은 책이 있다면요?

제목	지은이	출판사	출간일

7-1 그중에서 한 권을 골라 친구 또는 가족이 함께 읽고 독서 토론을 한 후, 어떤 이야기를 나누었는지 아래에 써보세요.

다섯 번째 여행

공존과 관용으로 더불어 살기

이상옥 글 | 조원희 그림

한솔수북 | 2019

다름에 대해 구별 짓고 배척하는 경계, 편견, 차별 때문에 벌어지는 일을 펭귄들의 밀어내기를 통해 신랄하게 보여준다. 펭귄들이 사는 8자 얼음 섬에 시끄러운 일이 일어난다. 생김새가 달라서, 태어난 곳이 달라서, 우리와 다르다는 이유로 어른 펭귄들은 다른 곳에서 온 동물들을 긴 막대기로 밀어내느라 바쁘다.

어른 펭귄들이 이 일에 힘을 쏟는 사이, 무게 중심의 균열로 어린 펭귄들이 있는 얼음이 떨어져 나가고 만다. 차별과 편견으로 인한 밀어내기의 결과가 자신들에게 돌아올 수도 있다는 사실을 깨닫지 못한 어른 펭귄들의 행동은 독자들을 깊은 생각에 빠지게 한다.

바람직한 행동이 아니라는 걸 알면서도
사람들은 구별 짓고 경계하고 밀어내기를 합니다.
문화, 종교, 생활 수준, 가치관, 사는 곳, 피부색이
다른 데서 오는 거부감과 배척은 과거에 비해 많이 옅어졌지만
여전히 세상 곳곳에서 일어나는 현상입니다.
그들이 우리 삶의 영역에 깊숙이 들어옴으로써
지금 누리고 있는 혜택이 줄어들지 모른다는 불안감,
그들이 우리를 해칠지도 모른다는 두려움 때문이지요.
공존과 관용, 더불어 살기에 대해 생각해 봅니다.
『밀어내라』와 함께…

♣ 두런두런 표지 이야기

❶ 표지 그림에서 어떤 분위기가 느껴지나요?

❷ 긴 막대기를 들고 얼음 조각에 서 있는 펭귄은 무엇을 하고 있는 걸까요?

❸ 펭귄의 눈과 입, 목둘레, 긴 막대기는 빨간색으로 그려져 있습니다. 무엇을 표현한 걸까요?

♣ 책을 읽고 나서

❶ 이 책을 본 느낌이 어때요? 가장 기억에 남는 장면이 있다면요? 그 이유도 말해 보세요.

❷ 그림책을 보고 나서 가장 먼저 떠오른 단어가 있다면요? 그 이유도 말해 보세요.

❸ 긴 막대기를 들고 펭귄들이 무리지어 나아가는 장면에서 어떤 생각이 들었나요?

❹ 무슨 일이냐고 묻는 아기 펭귄에게 엄마 펭귄은 "큰일이 일어날 수도 있어!"라고 말합니다. 엄마 펭귄의 대답은 적절한가요?

5 "큰일이 났어!" "큰일이 났어?" "큰일이 났대!" "큰일이 났다고?" 영문도 모른 채 어른들을 따라가며 속닥속닥 말하는 아기 펭귄들은 어떤 두려움을 느꼈을까요?

6 어른 펭귄들은 마을에서 목소리가 제일 큰 펭귄을 따라 맹목적으로 "밀어내라!"를 외칩니다. 이들의 행동에 대해 어떻게 생각하나요?

7 어른 펭귄들은 긴 막대기를 들고 한 곳으로 몰려가서 누구를 밀어냈나요? 무슨 이유로 밀어냈나요? 그때 외친 구호는 무엇인가요?

8 아기 펭귄이 문어랑 놀다가 몸에 까만 먹물을 뒤집어쓰고는 엄마 아빠에게 달려가 "우리도 이제 달라요!" 하고 말하는 장면이 있습니다. 어른 펭귄들의 귀에는 왜 이 말이 들리지 않았을까요?

9 아기 펭귄들은 시끄럽다며 자기들을 내쫓는 어른 펭귄들이 더 시끄럽다고 생각합니다. 여러분도 혹시 이와 비슷한 생각을 한 적이 있나요?

10 아기 펭귄들은 물개와 북극곰, 다른 곳에서 온 펭귄과 어울려 즐겁게 놉니다. 아기 펭귄들에게는 어떻게 이 일이 가능한 걸까요?

11 어른 펭귄들의 무게 때문에 한쪽으로 기울어진 얼음이 갈라져 떨어져 나갔습니다. 고립되어 위험에 처한 아기 펭귄들의 도와 달라는 소리를 듣지 못한 채 여전히 밀어내느라 바쁜 어른 펭귄들을 보면서 어떤 생각을 했나요?

⑫ 공존과 공생보다 차별과 구별, 경계를 택한 어른 펭귄들의 집단 이기주의가 아기 펭귄들을 위험에 빠트리는 결과를 가져왔습니다. 어른 펭귄들에게 해주고 싶은 말이 있다면요?

⑬ 얼음 조각과 함께 멀리 떨어져 나간 아기 펭귄들은 어떻게 될까요? 뒷이야기를 두 가지 버전으로 써보세요.

행복한 결말	비극적인 결말

⑭ 여러분도 무언가를 밀어내 본 적이 있나요? 언제, 무엇을, 왜, 어떻게 밀어냈나요? 그 결과는 어땠나요?

언제

무엇을

왜

어떻게

결과

⑮ 따뜻하고 아름다운 세상을 만들기 위해서는 공존과 공생, 편견 버리기, 경계와 구분 짓지 않기 등이 있습니다. 청소년으로서 이들을 실천할 수 있는 방법에는 무엇이 있을까요?

여섯 번째 여행

4만 원으로 할 수 있는 값진 일

옥상달빛 글 | 조원희 그림

그린북 | 2020

염소 한 마리는 얼마일까? 이 책은 우리가 한 번도 궁금해한 적이 없는 질문을 던진다. 아프리카에서는 염소 한 마리가 4만 원이라고 한다. 4만 원이 있으면 염소를 사고 학교에도 갈 수 있단다. 우리가 마트에 한 번 안 가고 비싼 커피를 덜 마시면 모을 수 있는 돈이다.

밴드 '옥상달빛'의 노래에 조원희 작가의 밝고 경쾌한 그림이 더해진 이 책은 우리의 작은 관심과 실천이 아프리카에 있는 아이들을 학교에 갈 수 있게 하고, 그들의 삶에 꿈을 선물할 수 있다고 말한다.

아프리카에서는 4만 원이 있으면
염소를 살 수 있다고 합니다.
이 염소가 아이의 삶을 바꾼다는 사실을 알고 있나요?
우리가 과자를 덜 사 먹고 옷 한 벌 안 사면
금방 모을 수 있는 금액이에요.
4만 원으로 지구 반대편 친구들에게
염소를 선물해야 하는 이유를 알아봅니다.
『염소 4만 원』과 함께…

♣ 두런두런 표지 이야기

1. 두 아이 사이에 빨간 염소가 있습니다. 모두 행복한 미소를 짓고 있네요. '염소 4만 원'이라는 책 제목과 그림 사이의 연결고리를 찾아보세요.

2. 뒤표지에는 한 아이가 가방을 들고 씩씩하게 집을 나서는 모습이 그려져 있습니다. 아이의 집 앞에서는 빨간 염소들이 뛰어놀고요. '아프리카에선 염소 덕분에 학교에 간단다"라는 글이 적혀 있습니다. '염소 4만 원'이라는 책 제목과 그림 사이의 연결고리를 다시 한번 생각해 보세요.

♣ 책을 읽고 나서

1. 이 책을 본 느낌이 어때요? 새롭게 알게 된 사실이나 궁금한 점이 있나요?

2 이 책은 첫 장에서 다짜고짜 묻습니다. “너희들은 염소가 얼만지 아니?” 하고요. 여러분은 이 책을 보기 전에 염소가 얼마인지 궁금해한 적이 있나요?

3 아프리카에서는 염소 한 마리가 4만 원이라고 해요. 마트에서 카트에 이것저것 담는 가족에게 4만 원은 싼 가격이지요. 이 장면이 독자들에게 전하려는 메시지는 무엇일까요?

4 책 내용을 떠올리며 아래의 빈칸을 채워 보세요.

하루에 □□ 한 잔 줄이면 한 달에 염소가 □ 마리

한 달에 □ 한 벌 안 사면 여기선 염소가 □ 마리

5 지은이는 왜 지구의 반대편 친구들에게 염소를 선물하자고 했나요?

6 아프리카에선 염소 덕분에 아이들이 학교에 간다고 해요. 돈을 후원하는 것도 아닌데 어떻게 아이들이 학교에 갈 수 있는 걸까요?

7 이 책은 학교에 가게 된 아프리카 아이들의 모습을 보여주며 끝을 맺습니다. 이 아이들의 삶은 어떻게 달라질까요?

8 사람들이 후원한 염소 덕분에 새로운 인생을 살게 된 아프리카 어린이의 사례를 찾아볼까요.

9 누군가는 이렇게 말해요. 외국 아이들을 돕는 것도 중요하지만 힘들게 살고 있는 우리나라 아이들부터 돌봐야 한다고요. 맞는 말입니다. 그런데 왜 국제구호단체들은 아프리카를 돕는 일을 계속할까요?

10 여러분에게 4만 원이 있다면 무엇을 할 건가요?

⑪ 지금부터 두 달 동안 4만 원을 모아 아프리카에 염소를 보내는 계획을 세워봅니다. 지출에서 무엇을 줄여야 할까요? 실천 가능한 계획을 세워보세요.

항목	가격	개수	금액
총액			

(예시)

항목	가격	개수	금액
삼각 김밥	1,200원	5	6,000원
이모티콘	2,500원	2	5,000원
햄버거 세트	6,000원	2	12,000원
컵라면	1,000원	3	3,000원
티셔츠	14,000원	1	14,000원
총액		40,000원	

♣ 후속 활동

이 책은 밴드인 '옥상달빛'의 두 멤버가 아프리카에 봉사활동을 다녀온 후 만든 노래 '염소 4만 원'에 그림이 더해져 탄생했습니다. 조원희 그림 작가는 초등학생들이 만든 '염소 4만 원' 뮤직비디오를 보고 그림책의 영감을 얻었다고 해요. 원곡을 감상한 후 노랫말을 바꿔서 또 다른 '염소 4만 원'을 만들어 보세요. 완성 후에는 함께 불러보세요.

(참고 : 그림책 속표지에 노래 QR코드가 들어 있어요.)

일곱 번째 여행

비우고 나눌 때 비로소 보이는 것들

바루 글 · 그림 | 염명순 옮김

여유당 | 2021

여느 날과 다름없이 맞이한 아침, 문득 떠나야겠다고 생각한 나는 곧바로 배낭 가득히 짐을 챙겨 길을 나선다. 천천히 걸으며 자연과 마주하고 다양한 사람들을 만나 그들에게 필요한 물건들을 나눠주느라 배낭은 텅 비었지만, 마음만은 행복감으로 가득하다.

나누고 비움으로써 깨닫는 아름다운 여행, 그 끝에서 시작된 나의 새로운 일상은 자연 친화적인 삶으로 변하고, 그 변화는 이웃과 세상을 환하게 만든다.

물질의 풍요와 편리함을 누리며 사는 현대인들,

그런데도 왜 늘 불안하고 마음의 여유가 없는 걸까요?

더 많이 가지려는 욕심 때문일까요?

비우고 나눌 때 비로소 보이는 여유,

나와 너, 우리 그리고 세상이

아름다워지는 여행을 함께 해봅니다.

『그날 아침, 여행이 시작되었습니다』와 함께…

♣ 두런두런 표지 이야기

❶ 주인공은 지금 어디를 향해 가고 있는 걸까요?

❷ 주인공이 멘 배낭에는 주렁주렁 많은 것들이 매달려 있습니다. 안에는 무엇이 들어 있을까요?

❸ 그날 아침, 여행이 시작되었다고 합니다. 그날은 어떤 날일까요?

♣ 책을 읽고 나서

1. 어느 날 아침, 주인공은 부엌 창가에서 불현듯 떠나기로 마음먹었습니다. 왜 이런 마음을 먹었을까요?

2. 주인공은 여행을 떠나기 전에 배낭에 무엇을 챙겨 넣었나요?

3. 주인공이 한가득 챙긴 물건들을 보면서 무슨 생각을 했나요?

4 주인공은 여행길에서 어떤 일을 겪었나요?

5 주인공은 여행길에서 만난 사람들에게 무엇을 나누어 주었나요? 힘들게 챙겨 온 것을 나누어 준 이유는 무엇인가요?

6 주인공은 긴 여행 끝에서 어떤 깨달음을 얻었나요?

6-1 여행을 마치고 집으로 돌아온 주인공은 무엇을 했나요?

6-2 자연 친화적인 생활을 실천하면서 주인공의 삶은 어떻게 달라졌나요?

7 여러분은 이 책의 주인공이 실천한 미니멀 라이프에 대해 어떻게 생각하나요?

8 나누고 비울 때 비로소 보이는 것들이 있습니다. 무엇일까요?

8-1 여러분은 지금 누리고 있는 풍요에 대해 생각해 본 적이 있나요? 너무 많이 가져서 비워야 할 필요성을 느낀 게 있다면요? '이건 좀 과한데'라는 생각을 한 게 있다면 무엇인가요?

9 물질적으로 풍족할수록, 생활을 편리하게 해주는 기구나 기계가 더 많아지면 인간의 삶이 더 행복해질까요? 더 살기 좋은 지구가 될까요?

9-1 지나치게 넘치고 많아서 인간의 삶을 불편하게 하는 것들은 무엇일까요?

9-2 지나치게 넘치고 많아서 세상의 아름다움과 평화를 위협하는 것에는 무엇이 있을까요?

♣ 후속 활동

❶ 만약 여러분이 배낭여행을 가게 된다면 무엇을 챙겨 갈 건가요?

물품	이유

1-1 (둘이서 함께) 무엇을 적었는지 서로 비교하며 이야기 나누어 보세요. 똑같이 적은 것과 다르게 적은 것은 무엇인가요?

똑같이 적은 것	다르게 적은 것

1-2 여행지에서 만난 사람들에게 내가 챙겨 간 것 중에서 무엇을 나눠줄 수 있을 것 같나요?

나눠줄 수 있는 것	이유

PART

03

여행을 마치며

여행 후기. 그림책이 이렇게 매력적일 줄이야!

1. 그림책과 함께하는 인문학 여행을 마쳤습니다. 처음 우리가 만났던 날을 떠올려 볼까요. 그때와 지금을 비교해 볼 때 그림책을 바라보는 관점이 어떻게 달라졌나요?

만나기 전에

만나고 나서

2. 그동안 본 그림책 중에서 가장 기억에 남거나 인상적으로 다가온 작품이 있다면요?

제목

이유

3. 힘들어하는 누군가에게 그림책 한 권을 선물한다면 어떤 책을 고르고 싶나요?

제목

이유

4. 만약 나를 찾아 떠나는 여행을 가게 된다면 어떤 그림책을 챙겨 가고 싶나요?

제목

이유

5 그림책에 대한 생각을 아래의 예시처럼 은유적으로 표현해 보세요

그림책은

왜냐하면

예시

① 그림책은 김밥이다.

② 왜냐하면, 여러 가지 재료가 어우러져 예쁜 모양을 내는 김밥처럼 글과 그림, 감동, 재미가 맛있게 버무려져 있기 때문이다.

여행 후기. 인문학이 이렇게 재미있을 줄이야!

1. 인문학 여행을 떠나기 전과 여행을 마치고 난 후를 비교했을 때 인문학을 바라보는 관점이 어떻게 달라졌나요?

여행을 떠나기 전에

여행을 마치고 나서

2. 지금까지 한 활동에 관한 질문입니다. 솔직하게 쓰되 이유도 함께 말해 보세요.

재미있었던 활동

감동적이었던 활동

유익했던 활동

자신을 돌아보게 한 활동

힘들었던 활동

하기 싫었던 활동

❸ 여러분은 인문학이 무엇이라고 생각하나요? 학문적인 정의를 떠나 여러분만의 언어로 인문학에 대한 정의를 내려보세요.

인문학이란

❹ 인문학으로 3행시를 짓되 '나, 너 그리고 우리 함께하는 세상'을 담아 보세요.

인

문

학

참고자료

그림책

『고민 해결사 펭귄 선생님』 강경수 글 · 그림, 시공주니어, 2020.

『그날 아침, 여행이 시작되었습니다』 바루 글 · 그림, 염명순 옮김, 여유당, 2021.

『나 너희 옆집 살아』 성동혁 글 · 다안 그림, 봄볕, 2025.

『나랑 친구 할래?』 김태란 글 · 그림, 월천상회, 2025.

『나의 구석』 조오 글 · 그림, 웅진주니어, 2020.

『나의 속도』 이진경 글 · 그림, 이야기꽃, 2025.

『내 안에 내가 있다』 알렉스 쿠소 글, 키티 크라우더 그림, 신혜은 옮김, 바람의 아이들, 2020.

『내가 엄마라니!』 라이언 T. 히긴스 글 · 그림, 노은정 옮김, 토토북, 2020.

『노를 든 신부』 오소리 글 · 그림, 이야기꽃, 2019.

『누구나 비밀은 있다』 고혜진 글 · 그림, 달그림, 2025.

『모래성 쌓기 공식』 정승 글 · 그림, 사계절, 2025.

『밀어내라』 이상옥 글, 조원희 그림, 한솔수북, 2019.

『사자와 세 마리 물소』 몽세프 두이브 글, 메 앙젤리 그림, 성미경 옮김, 분홍고래, 2014.

『숲속 작은 집 창가에』 유타 바우어 글 · 그림, 유혜자 옮김, 북극곰, 2012.

『어느 우울한 날 마이클이 찾아왔다』 전미화 글 · 그림, 웅진주니어, 2017.

『염소 4만 원』 옥상달빛 글, 조원희 그림, 그린북, 2020.

『완벽한 하루』 박밀 글 · 그림, 북극곰, 2024.

『우리가 잠든 사이에』 믹 잭슨 글, 존 브로들리 그림, 김지은 옮김, 봄볕, 2020.
『위를 봐요!』 정진호 글 · 그림, 현암주니어, 2014.
『인사』 김성미 글 · 그림, 책읽는곰, 2020.
『적당한 거리』 전소영 글 · 그림, 달그림, 2019.
『중요한 사실』 마거릿 와이즈 브라운 글, 최재은 그림, 최재숙 옮김, 보림, 2005.
『지구의 일』 김용택 글, 연수 그림, 바우솔, 2021.
『진짜 내 소원』 이선미 글 · 그림, 글로연, 2020.
『최고의 이름』 루치루치 글 · 그림, 북극곰, 2020.
『콰앙!』 조원희 글 · 그림, 시공주니어, 2018.
『파닥파닥 해바라기』 보람 글 · 그림, 길벗어린이, 2020.
『하늘을 날고 싶은 아기 새에게』 피르코 바이니오 글 · 그림, 이상희 옮김, 토토북, 2019.

단행본

가와이 하야오 외, 『그림책의 힘』, 햇살과 나무꾼 옮김, 마고북스, 2003.
김경집, 『엄마 인문학』, 꿈결, 2015.
김경집, 『인문학은 밥이다』, 알에이치코리아, 2013.
김세실, 『그림책 페어런팅』, 한길사, 2021.
김세희 · 현은자, 『그림책의 이해 1』, 사계절, 2007.
김종원, 『부모 인문학 수업』, 청림 Life, 2022.
김춘경, 『아들러 아동상담』, 학지사, 2006.
마리아 니콜라예바 · 캐롤 스콧, 『그림책을 보는 눈』, 서정숙 옮김, 마루벌, 2011.
신명호, 『그림책의 세계』, 주니어김영사, 2009.
에릭 에릭슨 · 조앤 에릭슨, 『인생의 아홉 단계』, 송제훈 옮김, 교양인, 2019.

연세대학교 인문학연구원, 『10대에게 권하는 인문학』, 글담출판, 2014.
이임숙, 『현장에서 효과적인 독서치료』, 학지사, 2018.
임성관, 『독서치료의 모든 것』, 시간의 물레, 2019.
임영균, 『나는 그냥 꼰대로 살기로 했다』, 지식너머, 2020.
최윤정, 『그림책』, 비룡소, 2001.
프랜시스 젠슨 · 에이미 엘리스 넛, 『10대의 뇌』, 웅진지식하우스, 2018.
플라톤, 『테아이테토스』, 천병희 옮김, 도서출판숲, 2017.
하지현, 『정신의학의 탄생』, 해냄, 2016.

기타자료

교육심리학용어사전, 한국교육심리학회, 2000.
교육학용어사전, 서울대학교 교육연구소, 1995.
문화체육관광부 국립국어원 우리말샘_함께 만들고 모두 누리는 우리말 사전.

저/자/약/력

김은아

작가이자 그림책 칼럼니스트, 마음문학치료연구소 소장입니다. 대학원에서 아동가족학과 문학치료학을 공부했습니다. 문학이 지닌 치유의 힘을 알리는 일을 하고 있으며 초중고등학교 · 대학교 · 교육청 · 공공도서관 · 교육연수원 · 청소년상담복지센터 · 기업체 등에서 그림책 테라피 관련 강의와 힐링 프로그램을 진행하는 데 깊은 애정을 가지고 있습니다.

국립어린이청소년도서관 소식지 「도서관 이야기」, (사)행복한아침독서 「월간 그림책」, 비룡소 출판사 웹진에 그림책 관련 칼럼을 연재했으며 『WHO AM I_그림책 상담소』, 『대학생이 되어 다시 만난 그림책』, 『엄지는 특별해』, 『앤의 행복 사전』, 『친애하는 나의 앤, 우리의 계절에게』, 『앤과 함께 프린스에드워드섬을 걷다』 등의 책을 썼습니다.

지명숙

전문상담사이자 부모 교육 강사입니다. 대학원에서 가족복지상담을 공부했습니다. 지명숙가족상담교육연구소와 (부설) 공감독서심리상담연구소를 운영하고 있습니다. 오랜 시간 교육 및 상담복지 분야에서 독서와 상담을 연결하는 전문가로 활동 중입니다.

개인 및 집단 상담 프로그램과 주제별 독서 코칭을 주로 하며 교육청에서는 부모 교육과 교사 연수를, 대학교에서는 전공과목을, 학회와 각종 연수에서는 독서치료의 효과와 활용법을 주제로 강의하고 있습니다. 책으로 사람들의 마음을 치유하고 그들의 성장을 돕는 일에 보람을 느끼며 다양한 영역에서 쌓은 노하우를 알리고 공유하는 데도 힘쓰고 있습니다.

제2판

그림책아, 인문학이랑 여행 갈래?

청소년의 마음을 어루만져 주는 그림책 테라피

| 공저자 | 김은아 · 지명숙

| 1판 1쇄 | 발행 2021년 5월 20일
| 2판 1쇄 | 발행 2025년 11월 20일

| 발행인 | 김동훈
| 발행처 | **공동체**

| 주소 | 경기도 고양시 일산동구 호수로 358-39 동문타워 I 905호(백석동)
| 전화 | 031)814-3000(대표)
| 팩스 | 031)814-3100

| 홈페이지 | http://www.compub.co.kr
| 전자우편 | compub@naver.com
| 출판등록 | 2005년 10월 6일
| 등록번호 | 제396-2005-6호

| ISBN | 979-11-7554-040-8
정가 17,000원